AF459332

CARTE GENERALE
DE LA
MONARCHIE FRANÇOISE, Contenant L'HISTOIRE MILITAIRE,

Depuis Clovis premier Roy Chrêtien, jusqu'à la quinziéme année accomplie du Regne de LOUIS XV.

AVEC

L'Explication de plusieurs Matieres interessantes, tant pour les Gens de Guerre que pour les Curieux de tous états, lesquelles y sont traitées en vingt Tables enrichies de Tailles douces qui se joignent en une seule Carte,

PRESENTÉE AU ROY LE XVII. FEVRIER M. DCC. XXX.

Par le Sieur LEMAU DE LA JAISSE, de l'Ordre de S. Lazare, & ancien Officier de S. A. R. feuë MADAME:

Mise au jour par l'Auteur en 1733, avec Approbation & Privilege du ROY.

AVERTISSEMENT.

QUELQUE soin qu'ait pris l'Auteur de ne charger l'attention du Lecteur que des choses nécessaires à l'intelligence de son Ouvrage, il n'a pas crû devoir omettre certaines particularités essentielles à son Projet, pour mettre au fait de cette Carte generale tous ceux qui y jetteront les yeux, & pour la rendre utile aux Sujets du Roy & à tout le Corps Militaire, qu'on honore & respecte avec justice comme le plus ferme apuy de la Couronne.

On doit donc regarder cette Carte, non-seulement comme un détail exact de tout ce qui concerne la Milice & les Militaires du Royaume, mais comme un Abregé de l'Histoire de France, où sans entrer scrupuleusement dans les circonstances de tous les faits, l'Auteur s'est attaché à raporter les époques interessantes des grands événemens de chaque Regne, aussi-bien que les origines, créations, institutions, promotions & nominations aux Emplois & Dignités, tant des Corps des Troupes en generale, que des Officiers Generaux & Principaux qui les ont commandés & qui les commandent, le tout suivant leur rang & leur ancienneté ; sans oublier aucun des differens changemens qui y sont arrivés depuis le commencement de la Monarchie jusqu'à nos jours, avec la forme de leurs armes & de leur habillement uniforme, leurs Drapeaux Colonel & d'Ordonnance, Etendarts & Guidons, dessinés selon leur blazon, devises & armoiries : à quoi l'on a ajouté pour l'intelligence des faits les plus memorables, non-seulement les plans avec les descriptions, les Etats Majors & les Armoiries de cent-dix principales Places de Guerre frontieres du Royaume ; mais aussi pour l'ornement de la Carte des emblêmes en Latin à la gloire de nos Rois, au bas de leurs Portraits en taille douce.

On assûre le Lecteur que tout ce qui y est contenu a été extrait fidelement, avec beaucoup de soin, de travail & de dépense, des meilleurs Auteurs anciens & modernes, des manuscrits les plus sûrs, & des Ordonnances même de nos Rois, ainsi que des Archives respectables de la Chambre des Comptes de Paris, pendant six années de recherches qu'il en a coûté à l'Auteur, pour porter son Ouvrage au point de perfection où il ose se flater de l'avoir mis.

Malgré toute son exactitude & son application à ne se tromper sur aucun article, s'il lui est échapé quelque faute, qui ne peut être considerable, il espere que le Lecteur favorable y fera moins d'attention, qu'au zéle constant & suivi qui a fait entreprendre à l'Auteur, & soutenir jusqu'au bout une si pénible recherche ; trop récompensé de son travail, s'il peut le rendre utile & agreable à la Noblesse Françoise, & à tous ceux qui se distinguent dans la Profession des Armes.

Ceux qui n'ont point pris le parti de la Guerre, comme les personnes engagées dans l'Eglise, dans la Robe, dans les Negociations, dans les Finances, &c. n'y pourront voir qu'avec plaisir la memoire honorable qu'on y fait de leurs Ancêtres, Parens, & Amis qui ont acquis ou merité les récompenses Militaires ; les plus simples Particuliers même ne pourront refuser de prendre part à l'honneur qui en rejaillit sur toute la Nation Françoise, & à la gloire de leur Patrie.

L'utilité de cet Ouvrage, qui s'étend à tous les Etats, regarde particulierement la Jeunesse du Royaume qui se destine au Parti des Armes, soit par goût, soit par sa naissance. C'est pour son instruction, & pour animer son courage, qu'on expose sous ses yeux comme un Tableau de toute la Guerre, qui réunit dans un seul point de vûe les actions de nos Rois, de nos Princes, de nos Generaux, &c. où elle pourra voir d'un coup d'œil, & comme en se divertissant, tout ce qui s'est passé de mémorable dans la Monarchie, pendant l'espace de treize cens dix ans, c'est-à-dire depuis sa fondation dans les Gaules jusqu'à l'époque du quinze Fevrier 1730, qui est la vingtiéme année accomplie de LOUIS XV. glorieusement regnant.

L'Auteur s'estimera très-heureux s'il a l'avantage pour son coup d'essai de meriter du Public, & particulierement du Corps Militaire, un acueil aussi favorable que celui dont l'ont honoré les Princes & Seigneurs de la Cour qui ont examiné l'Original manuscrit de son Ouvrage, & qui en ont vû avec plaisir la description generale imprimée.

Le succès qu'il ose en attendre animera son zéle à le continuer par un Suplément annuel, qui réformera & annoncera dans la suite les mutations militaires qui y arrivent journellement.

On prie Messieurs les Officiers & autres Personnes d'adresser, s'il leur plaît, à l'Auteur, rue & près la Fontaine de Richelieu, à Paris, leurs observations sur les fautes qui leur paroîtront essentielles, tant dans le discours que dans l'impression de cette Carte, & particulierement d'y joindre les corrections convenables à l'ortographe des Noms propres, afin de réparer toutes les fautes qui pourroient s'être glissées, ce que l'Auteur fera très-ponctuellement dans le Suplement aux explications Militaires, qui paroîtra d'année en année au même jour quinze Fevrier, & qui sera toujours rélatif à l'exposition de la Carte generale dans le Public.

Remarques des Erreurs qui se sont glissées dans l'impression de la Carte generale.

Premiere Feuille.

CARTE GENERALE DE LA MONARCHIE,
ET DU MILITAIRE DE FRANCE ANCIEN ET MODERNE,
CONTENANT le détail des Grands & Premiers Officiers de la Couronne et du Militaire qui ont été nommés & gradués par les Rois depuis le temps de leurs créations jusqu'à présent. l'Origine, les dates des nominations, & les Promotions des Maréchaux de France, de tous les Officiers généraux des Armées du Roy, Gouverneurs, & Lieutenants généraux des Provinces du Royaume vivans, Le nombre des Gouverneurs, Commandans, & Officiers des Etats Majors des Places de guerre, Les noms & dates des receptions des Chevaliers Comandeurs des ordres du Roy, L'origine, la création, les anciennes institutions, & les rangs de la Maison du Roy, de la Gendarmerie, & de toutes les Troupes de France, compris les Officiers principaux, & subalternes en pied & reformés, L'Artillerie de France, & le Corps des Ingenieurs ordinaires de sa Majesté, conservés à la paix d'Utrecht en Avril 1713. & generalement tous Officiers en charge brevetés, & par Commission du Roy, attachés au Militaire, sur pied le 15. fevrier 1730 jour de la 20e année acomplie de sa Majesté, Avec une nouvelle Histoire abrégée des Rois qui ont créé, formé en Compagnie, regimenté, & reglé les Rangs d'ancienneté des Troupes du Royaume, ainsi que leurs Uniformes, Drapeaux, Etendarts, Guidons, & Armures d'Ordonnance, representés en Blazon, depuis la derniere reforme des Troupes par LOUIS XIV à la paix de Radstatt, signée le 6. Mars 1714 & a Baden en Suisse le 7. Septembre suivant.
CETTE CARTE ornée & enrichie dans tout son contour des Plans & des Etats Majors de principales Places de guerre, & Villes maritimes frontieres du Royaume, distingués par Departements & Gouvernements generaux des Provinces, avec la Description & les Armoiries de ces Places à côté de chaque Plan & leur distance de Paris, ainsi que de l'une à l'autre.
PRÉSENTÉE AU ROY A MARLY, LE 17 FEVRIER, 1730.

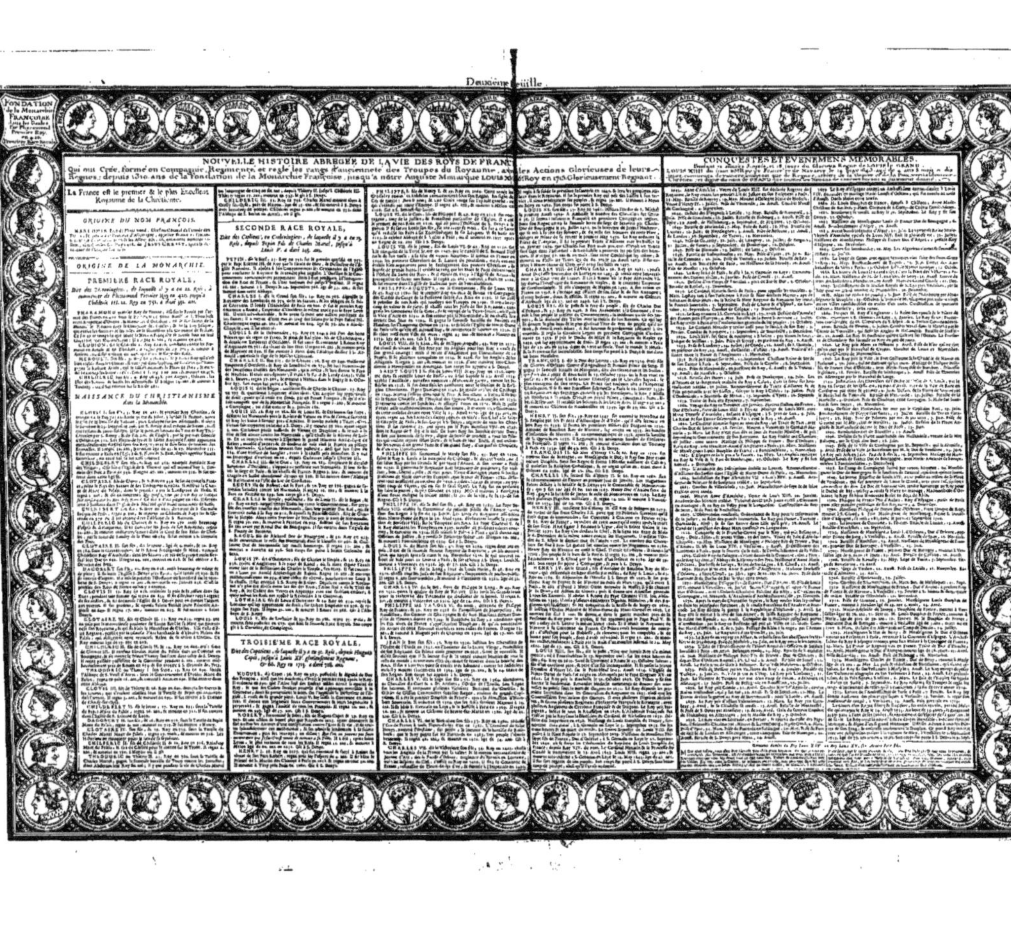
NOUVELLE HISTOIRE ABREGÉE DE LA VIE DES ROYS DE FRANCE
Qui ont Crée, formé en Compagnie, Regimente, et reglé les rangs d'ancienneté des Troupes du Royaume, avec les Actions Glorieuses de leurs Regnes; depuis 1310 ans de la Fondation de la Monarchie Françoise, jusqu'à nôtre Auguste Monarque LOUIS XV Roy en 1715 Glorieusement Regnant.
CONQUESTES ET EVENEMENS MEMORABLES.
La France est le premier & le plus Excellent Royaume de la Chrétienté.
ORIGINE DU NOM FRANÇOIS.
ORIGINE DE LA MONARCHIE.
PREMIERE RACE ROYALE,
NAISSANCE DU CHRISTIANISME dans la Monarchie.
SECONDE RACE ROYALE,
TROISIEME RACE ROYALE,

Troisième feuille.

GRANDS OFFICIERS MILITAIRES DE LA COURONNE, ET PREMIERS OFFICIERS DU MILITAIRE DE FRANCE, Qui ont Esté Gradués par les Roys; Depuis L'an 1178 de leurs Premieres créations, Institutions et Nominations; Par Ordre d'Ancienneté, Jusques et non compris les Mareschaux de france, les officiers Generaux, et les Commandans en Chef, Vivans, qui se trouvent a leurs dignitez, et en Teste des Troupes apresent sur Pied au 1er Fevrier 1730

CHRONOLOGIE DES GRANDS ET PREMIERS OFFICIERS MILITAIRES DE LA COURONNE.

[illegible]

CHRONOLOGIE DES GRANDS ET PREMIERS OFFICIERS DU MILITAIRE DE FRANCE.

MAISON MILITAIRE DU ROY

[illegible]

CHEVALIERS COMMANDEURS DES ORDRES DU ROY, INSTITUÉS PAR HENRY III ROY DE FRANCE, ET DE POLOGNE, CHEF SOUVERAIN GRAND MAITRE, ET FONDATEUR DE L'ORDRE, ET MILICE DU St ESPRIT.

[illegible]

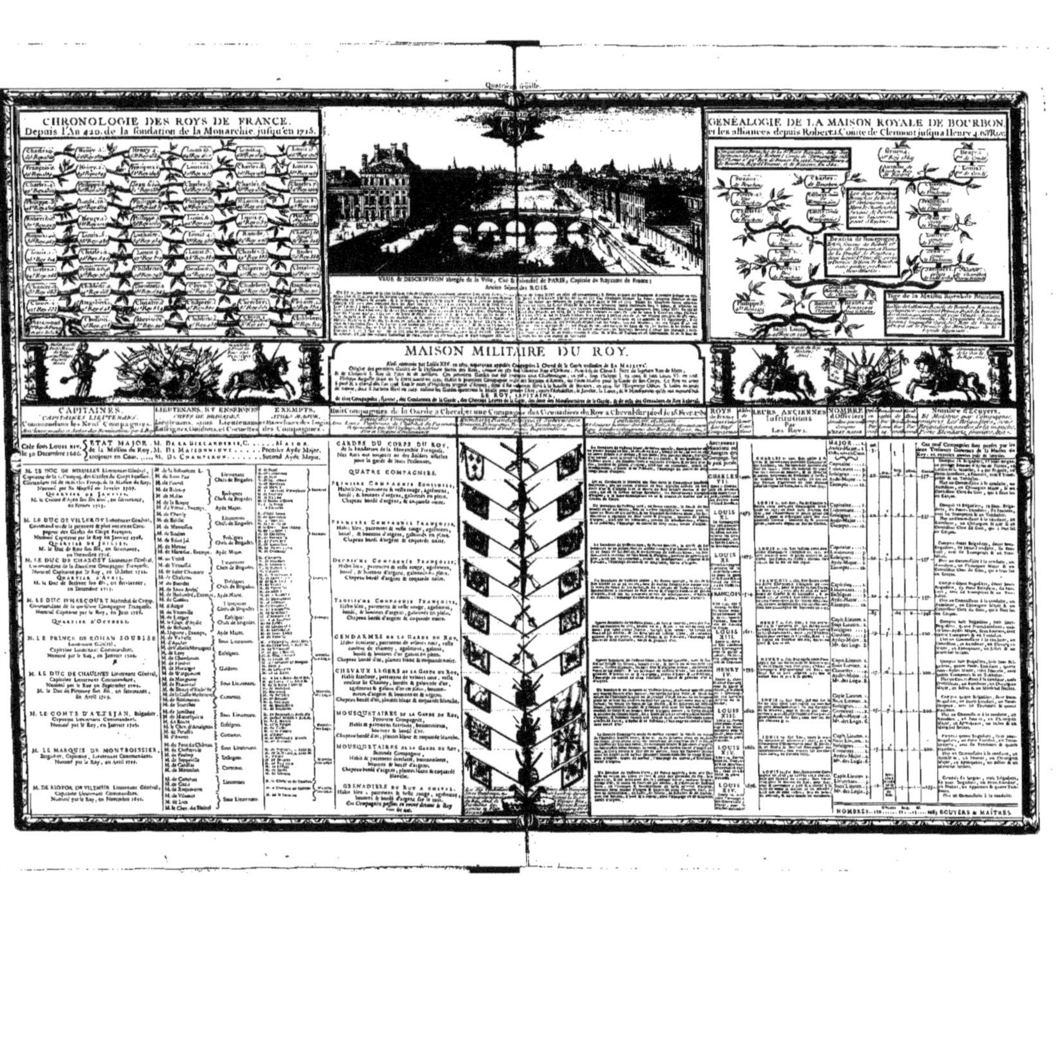
Quatrième feuille.
CHRONOLOGIE DES ROYS DE FRANCE.
Depuis l'An 420. de la fondation de la Monarchie jusqu'en 1715.
GÉNÉALOGIE DE LA MAISON ROYALE DE BOURBON,
et les alliances depuis Robert Comte de Clermont jusqu'à Henry 4.
VEUE & DESCRIPTION abregée de la Ville, Cité & Université de PARIS, Capitale du Royaume de France ; Ancien Séjour des ROIS.
MAISON MILITAIRE DU ROY.
LE ROY, CAPITAINE.
CAPITAINES.
LIEUTENANS, ET ENSEIGNES
EXEMPTS.
LEURS ANCIENNES Institutions Par Les Roys.
NOMBRE d'Officiers
Nombre d'Ecuyers.
ETAT MAJOR
GARDES DU CORPS DU ROY.
QUATRE COMPAGNIES.
GENDARMES DE LA GARDE DU ROY.
CHEVAUX LEGERS DE LA GARDE DU ROY.
MOUSQUETAIRES DE LA GARDE DU ROY.
GRENADIERS DU ROY A CHEVAL.
NOMBRES

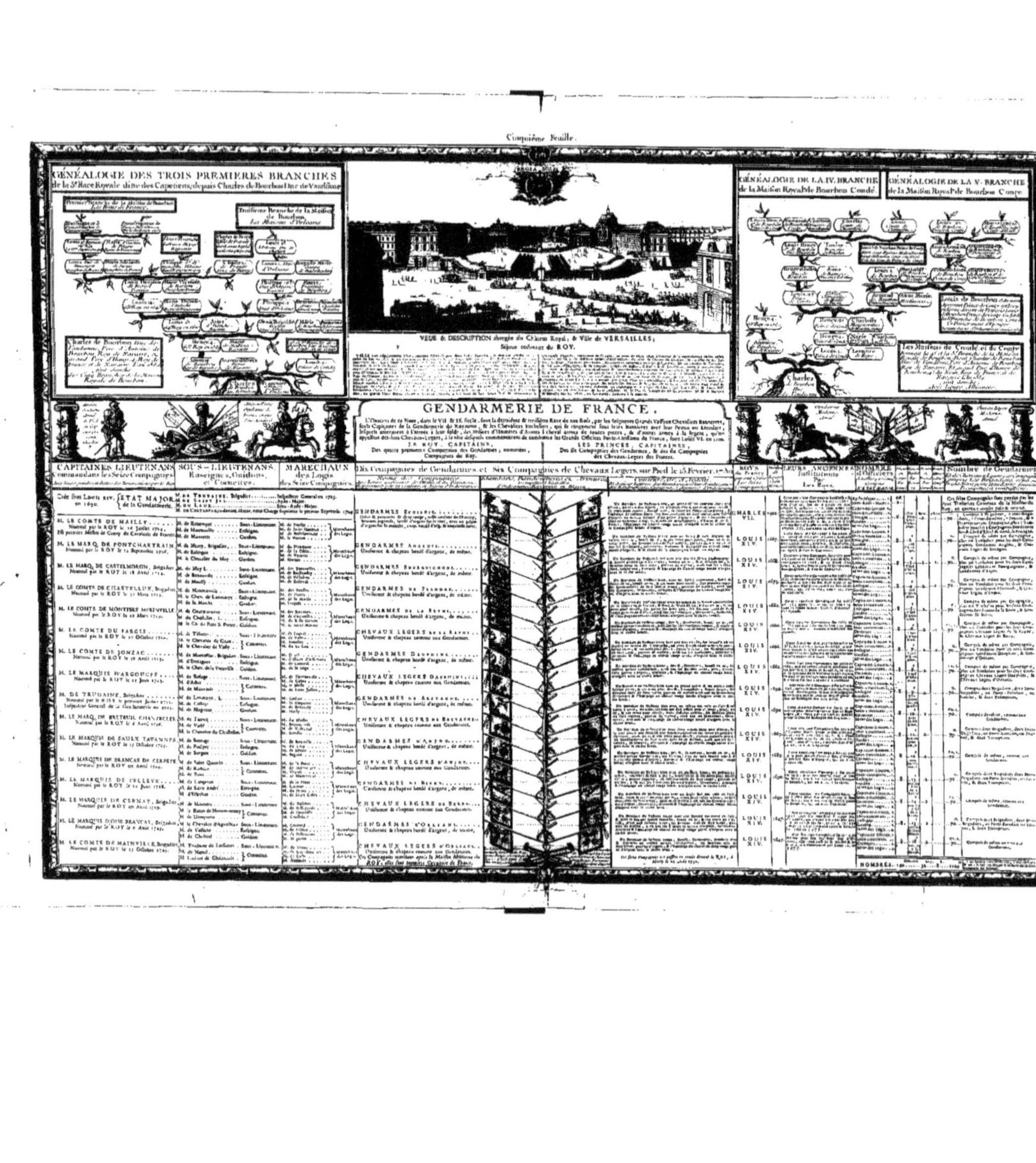
GÉNÉALOGIE DES TROIS PREMIERES BRANCHES
de la 3e Race Royale dite des Capetiens, depuis Charles de Bourbon Duc de Vendôme
VEUE & DESCRIPTION abregée du Château Royal, & Ville de VERSAILLES;
Séjour ordinaire du ROY.
GÉNÉALOGIE DE LA IV. BRANCHE
de la Maison Royale de Bourbon Condé
GÉNÉALOGIE DE LA V. BRANCHE
de la Maison Royale de Bourbon Conty
GENDARMERIE DE FRANCE.
LE ROY, CAPITAINE,
Des quatre premieres Compagnies des Gendarmes, nommées, Compagnies du Roy.
LES PRINCES, CAPITAINES,
Des six Compagnies des Gendarmes, & des six Compagnies des Chevaux-Legers des Princes.
CAPITAINES LIEUTENANS Commandans les Seize Compagnies
SOUS-LIEUTENANS, Enseignes, Guidons, et Cornettes.
MARECHAUX des Logis des Seize Compagnies.
Dix Compagnies de Gendarmes et Six Compagnies de Chevaux Legers sur Pied le 15 Fevrier
GENDARMES ECOSSOIS
GENDARMES ANGLOIS
GENDARMES BOURGUIGNONS
GENDARMES DE FLANDRE
GENDARMES DE LA REYNE
CHEVAUX LEGERS DE LA REYNE
GENDARMES DAUPHINS
CHEVAUX LEGERS DAUPHINS
GENDARMES DE BRETAGNE
CHEVAUX LEGERS DE BRETAGNE
GENDARMES D'ANJOU
CHEVAUX LEGERS D'ANJOU
GENDARMES DE BERRY
CHEVAUX LEGERS DE BERRY
GENDARMES D'ORLEANS
CHEVAUX LEGERS D'ORLEANS
ROYS de France
LEURS ANCIENNES Institutions Par Les Roys.
Nombre de Gendarmes
NOMBRES

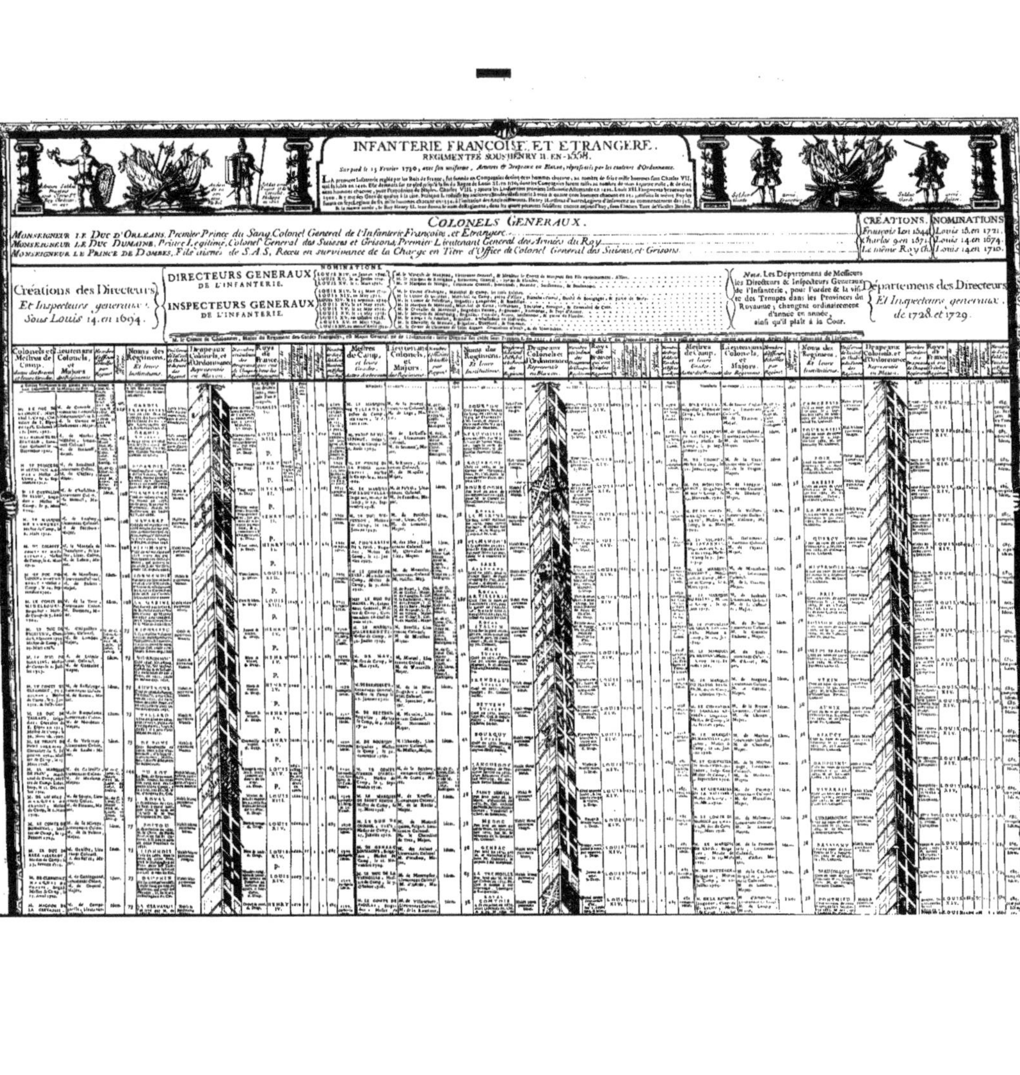

INFANTERIE FRANÇOISE, ET ETRANGERE.

REGIMENTÉE SOUS HENRY II. EN 1558.

Sur pied le 15 Fevrier 1730, avec son uniforme, Armures & Drapeaux en Blazon, représentés par les couleurs d'Ordonnance.

COLONELS GENERAUX.

	CRÉATIONS.	NOMINATIONS
MONSEIGNEUR LE DUC D'ORLEANS, Premier Prince du Sang, Colonel General de l'Infanterie Françoise, et Etrangere.	François Ier 1544.	Louis 15. en 1721.
MONSEIGNEUR LE DUC DUMAINE, Prince Legitime, Colonel General des Suisses et Grisons, Premier Lieutenant General des Armées du Roy.	Charles 9. en 1571.	Louis 14. en 1674.
MONSEIGNEUR LE PRINCE DE DOMBES, Fils aisné de S. A. S. Receu en survivance de la Charge en Titre d'Office de Colonel General des Suisses, et Grisons.	Le même Roy (h)	Louis 14. en 1710.

Créations des Directeurs Et Inspecteurs generaux, Sous Louis 14. en 1694.

DIRECTEURS GENERAUX DE L'INFANTERIE.

INSPECTEURS GENERAUX DE L'INFANTERIE.

Nota. Les Departemens de Messieurs les Directeurs & Inspecteurs Generaux de l'Infanterie, pour l'ordre & la visite des Troupes dans les Provinces du Royaume, changent ordinairement d'année en année, ainsi qu'il plaît à la Cour.

Départemens des Directeurs Et Inspecteurs generaux, de 1728. et 1729.

Colonels et Mestres de Camp.	Lieutenans Colonels, et Majors	Noms des Regimens, Et leurs Institutions.	Drapeaux Colonels, et d'Ordonnance Représentés en Blazon.	Roys de France	Mestres de Camp, et leurs Grades.	Lieutenans Colonels, et Majors.	Noms des Regimens, Et leurs Institutions.	Drapeaux Colonels et d'Ordonnance Représentés en Blazon.	Roys de France	Mestres de Camp, et leurs Grades.	Lieutenans Colonels, et Majors.	Noms des Regimens, Et leurs Institutions.	Drapeaux Colonels, et d'Ordonnance Représentés en Blazon.	Roys de France

Nombre des Officiers d'Infanterie ; de cette Grande Colonne porté au haut de la 2e page	2071.	Nombre des Regimens, des Bataillons et des Drapeaux ;	40. 80. 270.	Nombre des Cadets, Sergens, Soldats, Tambours et Fifres de cette Colonne porté au haut de la 2e Colonne	58414.	Nombre des Officiers de cette deuxième grande Colonne porté au haut de la 3e Colonne	4841.	Nombre des Regimens, des Bataillons, des Drapeaux ;	80. 158. 458.	Nombre des Cadets, Sergens, Soldats, Tambours, Fifres, de cette Colonne porté au haut de la 8e Colonne	99892.	Montant general des Officiers d'Infanterie françoise et étrangère	6577	Montant general des Regimens d'Infanterie	120. 165. 674.	Montant general de l'Infanterie françoise et étrangère

ADITION A L'INFANTERIE.

L'ETAT MAJOR GENERAL de l'Infanterie françoise et étrangère tel créé par Edit de Louis ... Les Rangs des Regimens d'Infanterie ont été reglés par l'Ordonnance de Louis ... suivant leurs Ancienneté, ou Créations ...

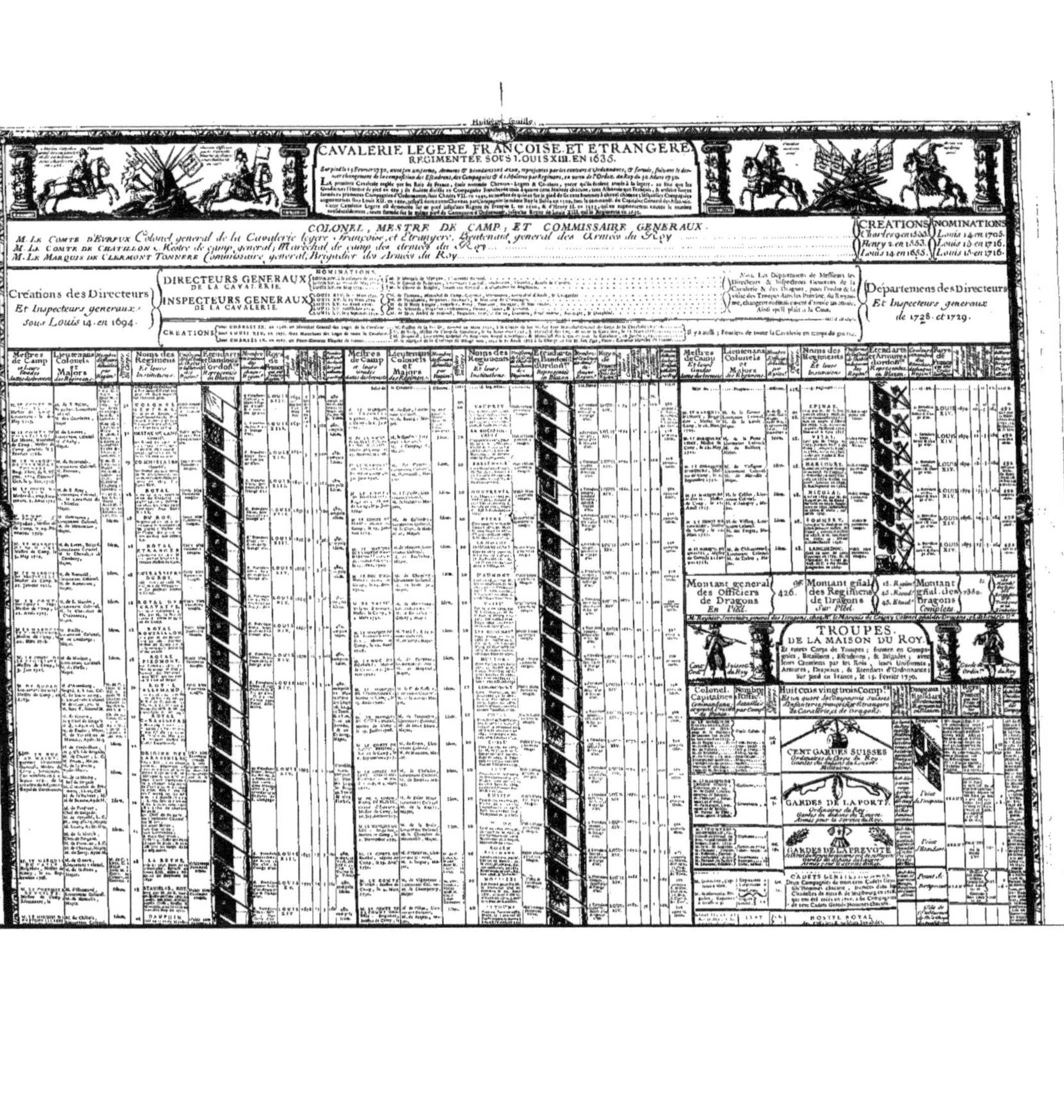

CAVALERIE LEGERE FRANÇOISE ET ETRANGERE REGIMENTÉE SOUS LOUIS XIII. EN 1635.

COLONEL, MESTRE DE CAMP, ET COMMISSAIRE GENERAUX.

	CREATIONS	NOMINATIONS
M. LE COMTE D'EVREUX Colonel general de la Cavalerie legere françoise et Etrangere, Lieutenant general des Armées du Roy	Charles 9 en 1565	Louis 14 en 1705
M. LE COMTE DE CHATILLON Mestre de camp general, Marechal de camp des Armées du Roy	Henry 2 en 1553	Louis 15 en 1716
M. LE MARQUIS DE CLERMONT TONNERRE Commissaire general, Brigadier des Armées du Roy	Louis 14 en 1655	Louis 15 en 1716

Créations des Directeurs Et Inspecteurs generaux sous Louis 14 en 1694.

DIRECTEURS GENERAUX DE LA CAVALERIE.

INSPECTEURS GENERAUX DE LA CAVALERIE.

CREATIONS

Departemens des Directeurs Et Inspecteurs generaux de 1728 et 1729.

Mestres de Camp	Lieutenans Colonels et Majors des Regimens	Noms des Regimens Et leurs Institutions	Etendarts et Bandes d'ordon. Representés en Blazon	Roys de France

Montant general des Officiers de Dragons En Pied	426. Off.	Montant gñal des Regimens de Dragons Sur Pied	15. Regim. 45. Escad. 45. Etend.	Montant gñal des Dragons Complets	7380.

TROUPES DE LA MAISON DU ROY.

Et autres Corps de Troupes; formez en Compagnies, Bataillons, Escadrons, & Brigades, avec leurs Creations par les Rois, leurs Uniformes, Armures, Drapeaux, & Etendarts d'Ordonnance; Sur pied en France, le 15. Fevrier 1730.

Colonel. Capitaines Commandans	Nombre d'offic. detaillés par Comp.	Huit cens vingt trois Comp. Et un quart de Compagnie Suisses d'Infanterie françoise et Etrangere de Cavalerie et de Dragons.	Drapeaux Etendarts d'Ordonnance Representés en Blazon
		CENT GARDES SUISSES Ordinaires du Corps du Roy.	
		GARDES DE LA PORTE Ordinaires du Roy. Gardes du dedans du Louvre. Armés pour le Service du Roy.	Point de Drapeau
		GARDES DE LA PREVOTE	Point d'Etendart
		CADETS GENTILSHOMMES. Deux Compagnies de cent Cadets Gentilshommes chacune	Point de Drapeau
		HOSTEL ROYAL des Officiers & soldats Invalides.	

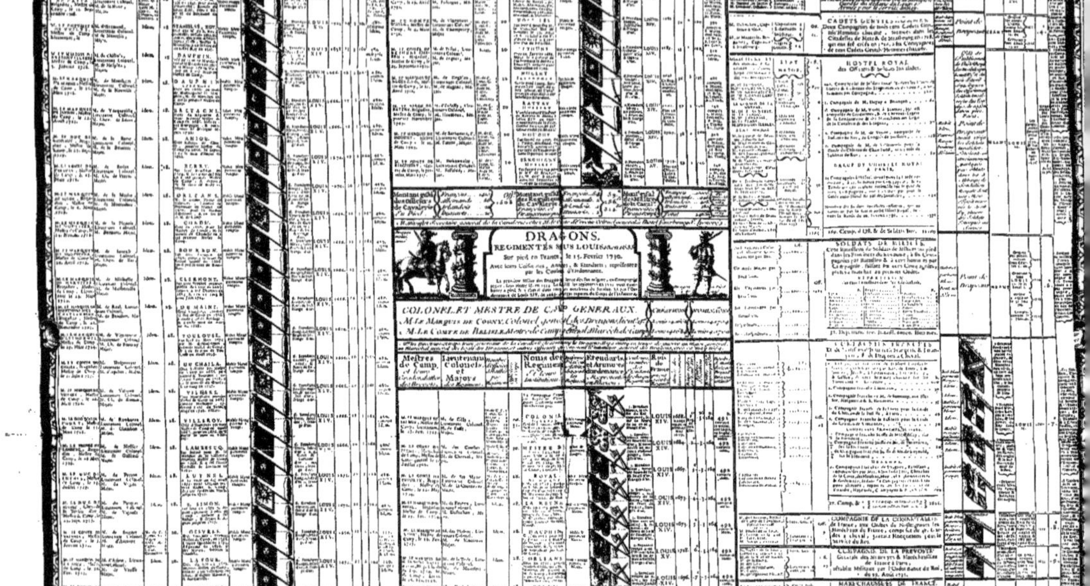

Neuvième feuille

Dixième feuille.

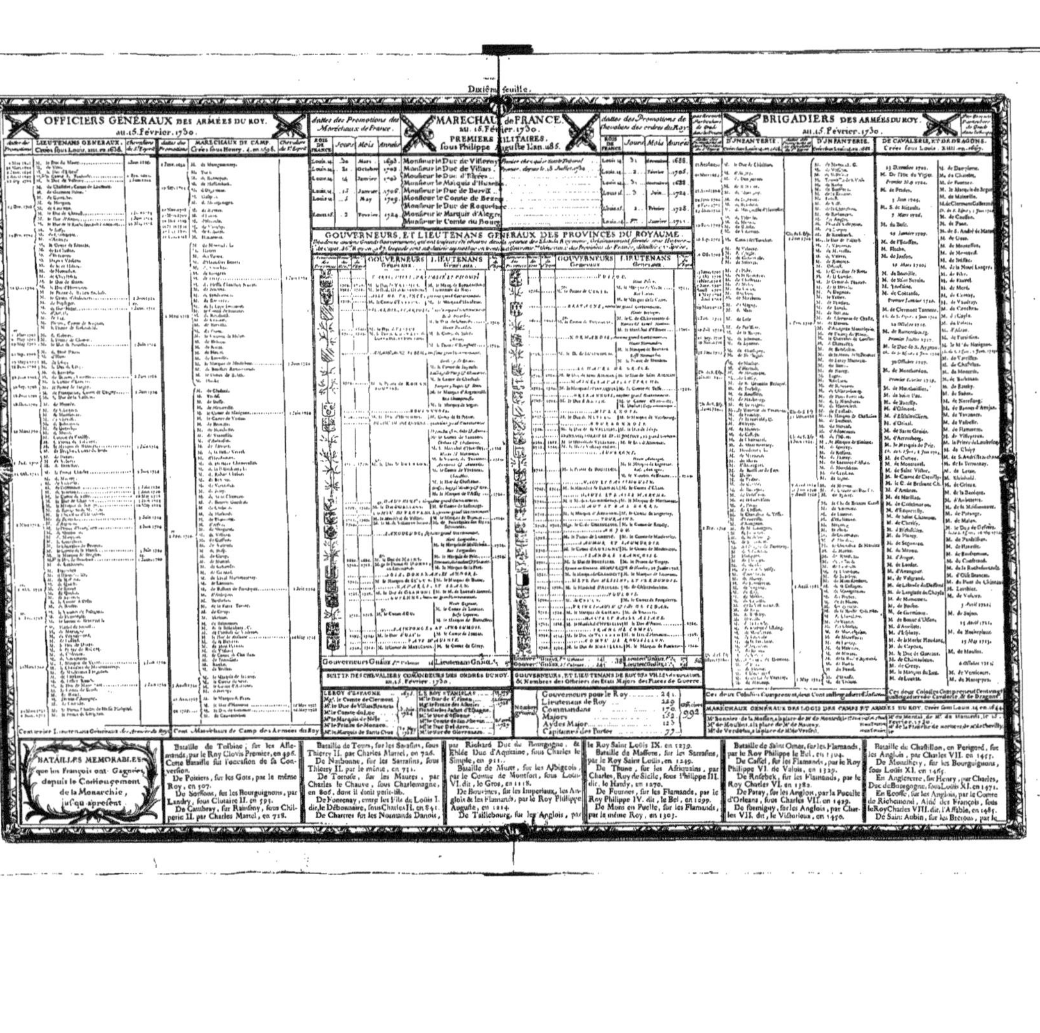

OFFICIERS GENERAUX DES ARMÉES DU ROY au 15. Février 1730.

LIEUTENANS GENERAUX, Crées sous Louis XIII en 1638.

MARECHAUX DE CAMP Crées sous Henry 4. en 1598.

MARECHAUX de FRANCE au 15. Février 1730.

PREMIERS MILITAIRES, sous Philippe Auguste l'an 1185.

Rois de France	Jours	Mois	Années	Maréchaux de France		Rois de France	Jours	Mois	Années
Louis 14	30	Mars	1693	Monsieur le Duc de Villeroy	Premier chev. qui a été Maréchal	Louis 14	31	Decembre	1688
Louis 14	20	Octobre	1702	Monsieur le Duc de Villars	Premier, depuis le 18 Juillet 1730	Louis 14	2	Février	1705
Louis 14	14	Janvier	1703	Monsieur le Duc d'Estrées		Louis 14	31	Decembre	1688
				Monsieur le Marquis d'Huxelles					
Louis 14	15	Janvier	1706	Monsieur le Duc de Bervik		Louis 15	3	Juin	1724
Louis 14	5	May	1709	Monsieur le Comte de Bezons					
				Monsieur le Duc de Roquelaure		Louis 15	2	Février	1728
Louis 15	2	Fevrier	1724	Monsieur le Marquis d'Alegre					
				Monsieur le Comte du Bourg		Louis 14	1er	Janvier	1711

GOUVERNEURS, ET LIEUTENANS GENERAUX DES PROVINCES DU ROYAUME.

GOUVERNEURS Generaux	LIEUTENANS Generaux

Gouverneurs Génér. | Lieutenans Génér.

BRIGADIERS DES ARMÉES DU ROY au 15. Février 1730.

D'INFANTERIE | D'INFANTERIE | DE CAVALERIE, ET DE DRAGONS.

SUITTE DES CHEVALIERS COMANDEURS DES ORDRES DU ROY au 15. Février 1730.

GOUVERNEURS, ET LIEUTENANS DE ROY DES VILLES ... & Nombres des Officiers des Etats Majors des Places de Guerre.

Gouverneurs pour le Roy	241.	Officiers 992
Lieutenans de Roy	229	
Commandans	170.	
Majors	152.	
Aydes Major	123	
Capitaines des Portes	77	

MARECHAUX GENERAUX DES LOGIS DES CAMPS ET ARMÉES DU ROY. Créés sous Louis 14 en 1644.

Cent Maréchaux de Camp des Armées du Roy

BATAILLES MEMORABLES que les François ont Gagnées depuis le Commencement de la Monarchie, jusqu'a present.

Bataille de Tolbiac, sur les Allemands, par le Roy Clovis Premier, en 496. Cette Bataille fut l'occasion de sa Conversion.

De Poitiers, sur les Gots, par le même Roy, en 507.

De Soissons, sur les Bourguignons, par Landry, sous Clotaire II. en 593.

De Cambray, sur Rainfroy, sous Chilperic II. par Charles Martel, en 718.

Bataille de Tours, sur les Sarasins, sous Thierry II. par Charles Martel, en 726.

De Narbonne, sur les Sarrasins, sous Thierry II. par le même, en 731.

De Tortose, sur les Maures, par Charles le Chauve, sous Charlemagne, en 806. dont il étoit petit-fils.

De Fontenay, entre les Fils de Loüis I. dit, le Débonnaire, sous Charles II. en 841.

De Chartres sur les Normands Danois, par Richard Duc de Bourgogne, & Ebles Duc d'Aquitaine, sous Charles le Simple, en 911.

Bataille de Muret, sur les Albigeois, par le Comte de Montfort, sous Louis VI. dit, le Gros, en 1118.

De Bouvines, sur les Imperiaux, les Anglois & les Flamands, par le Roy Philippe Auguste, en 1214.

De Taillebourg, sur les Anglois, par le Roy Saint Loüis IX. en 1239.

Bataille de Massore, sur les Sarrasins, par le Roy Saint Loüis, en 1249.

De Thune, sur les Afriquains, par Charles, Roy de Sicile, sous Philippe III. dit, le Hardy, en 1270.

De Fournes, sur les Flamands, par le Roy Philippe IV. dit, le Bel, en 1299.

De Mons en Puelle, sur les Flamands, par le même Roy, en 1303.

Bataille de Saint Omer, sur les Flamands, par le Roy Philippe le Bel, en 1304.

De Cassel, sur les Flamands, par le Roy Philippe VI. de Valois, en 1329.

De Rosebek, sur les Flamands, par le Roy Charles VI. en 1382.

De Patay, sur les Anglois, par la Pucelle d'Orleans, sous Charles VII. en 1429.

De formigny, sur les Anglois, par Charles VII. dit, le Victorieux, en 1450.

Bataille de Chastillon, en Perigord, sur les Anglois, par Charles VII. en 1453.

De Montlhery, sur les Bourguignons, sous Loüis XI. en 1465.

En Angleterre, sur Henry, par Charles, Duc de Bourgogne, sous Loüis XI. en 1471.

En Ecosse, sur les Anglois, par le Comte de Richemont, Aidé des François, sous le Roy Charles VIII. dit, l'Affable, en 1485.

De Saint Aubin, sur les Bretons, par le

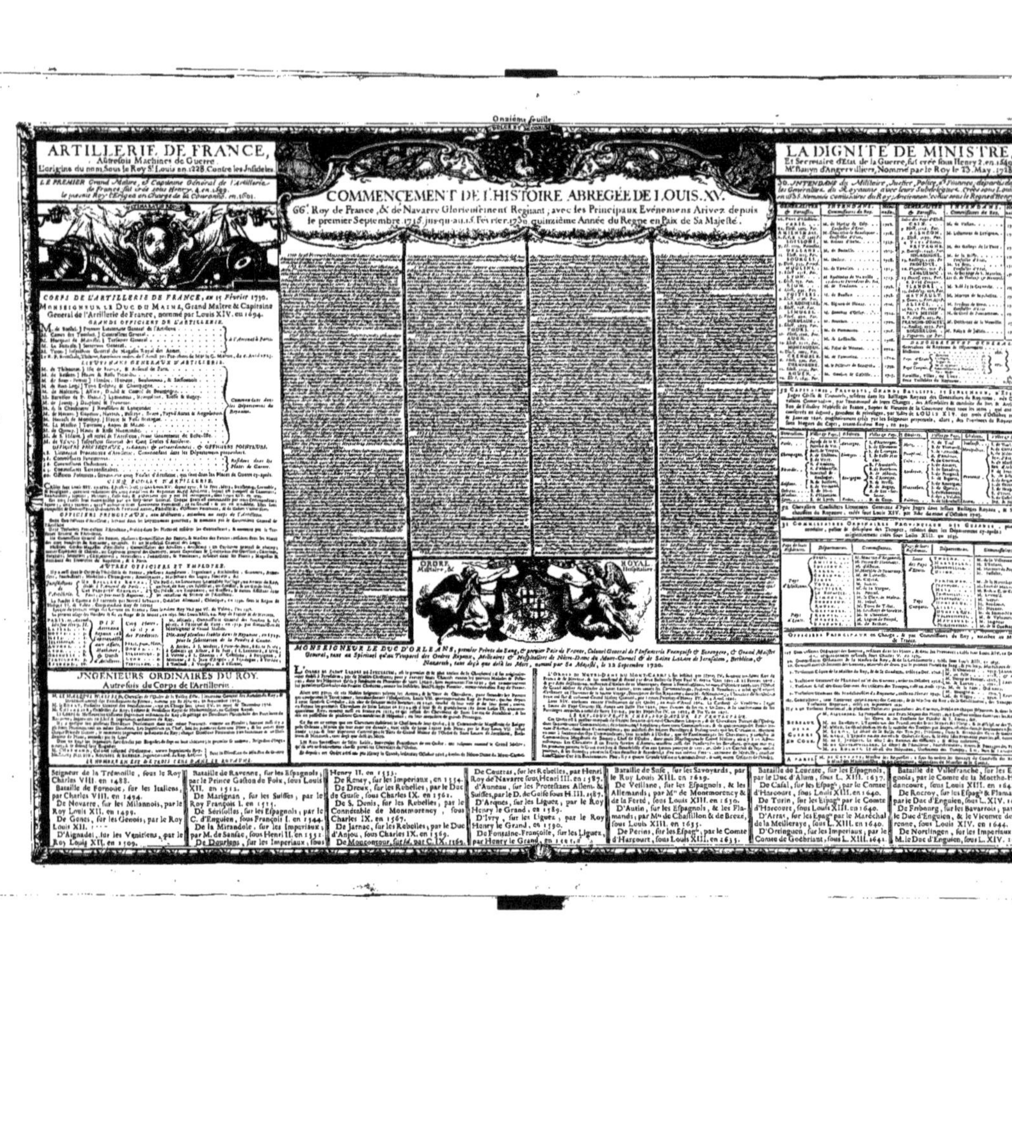

Onziéme feuille

ARTILLERIE DE FRANCE,

Autrefois Machines de Guerre.
L'origine du nom, Sous le Roy S.t Louis en 1228. Contre les Infideles.

LE PREMIER Grand Maître, & Capitaine Général de l'Artillerie de France, fut créé sous Henry 4. en 1599. le premier Roy l'Erigea en Charge de la Couronne, en 1601.

CORPS DE L'ARTILLERIE DE FRANCE, au 15 Février 1730.

MONSEIGNEUR LE DUC DU MAINE, Grand Maître & Capitaine General de l'Artillerie de France, nommé par Louis XIV. en 1694.

GRANDS OFFICIERS DE L'ARTILLERIE.

COMMENCEMENT DE L'HISTOIRE ABREGÉE DE LOUIS XV.

66.e Roy de France, & de Navarre Glorieusement Regnant ; avec les Principaux Evénemens Arivez depuis le premier Septembre 1715. jus-qu-au 15. Février 1730. quinziéme Année du Regne en Paix de Sa Majesté.

LA DIGNITÉ DE MINISTRE,

Et Secretaire d'Etat de la Guerre, fut créé sous Henry 2. en 1549.
M.r Bauyn d'Angervilliers, Nommé par le Roy le 23. May. 1728.

30. INTENDANS du Militaire, Justice, Police, & Finance, departis dans les Generalitez du Royaume avec leurs Subdeleguez. Créez sous Louis en 1635. Nommés Commissaires du Roy ; Anciennem.t connus sous le Regne d'Henry 3.

ORDRE Militaire, & ROYAL Hospitalier.

MONSEIGNEUR LE DUC D'ORLEANS, premier Prince du Sang, & premier Pair de France, Colonel General de l'Infanterie Françoise & Etrangere, & Grand Maistre General, tant au Spirituel qu'au Temporel des Ordres Royaux, Militaires & Hospitaliers de Nôtre-Dame du Mont-Carmel & de Saint Lazare de Jerusalem, Bethléem, & Nazareth, tant deçà que delà les Mers, nommé par Sa Majesté, le 12 Septembre 1720.

INGENIEURS ORDINAIRES DU ROY.

Autrefois du Corps de l'Artillerie.

Seigneur de la Trémoille, sous le Roy Charles VIII. en 1488.
Bataille de Fornoüe, sur les Italiens, par Charles VIII. en 1494.
De Novarre, sur les Milannois, par le Roy Louis XII. en 1499.
De Genes, sur les Genois, par le Roy Louis XII. ....
D'Aignadel, sur les Venitiens, par le Roy Louis XII. en 1509.

Bataille de Ravenne, sur les Espagnols, par le Prince Gaston de Foix, sous Louis XII. en 1512.
De Marignan, sur les Suisses, par le Roy François I. en 1515.
De Serisolles, sur les Espagnols, par le C. d'Enguien, sous François I. en 1544.
De la Mirandole, sur les Imperiaux, par M. de Sansac, sous Henri II. en 1551.
De Dourlens, sur les Imperiaux, sous Henry II. en 1553.
De Renty, sur les Imperiaux, en 1554.
De Dreux, sur les Rebelles, par le Duc de Guise, sous Charles IX. en 1562.
De S. Denis, sur les Rebelles, par le Connétable de Montmorency, sous Charles IX. en 1567.
De Jarnac, sur les Rebelles, par le Duc d'Anjou, sous Charles IX. en 1569.
De Moncontour, sur id. par C. IX. 1569.

De Coutras, sur les Rebelles, par Henri Roy de Navarre sous Henri III. en 1587.
d'Auneau, sur les Protestans Allem. & Suisses, par le D. de Guise sous H. III. 1587.
D'Arques, sur les Liguez, par le Roy Henry le Grand, en 1589.
D'Ivry, sur les Liguez, par le Roy Henry le Grand, en 1590.
De Fontaine-Françoise, sur les Liguez, par Henry le Grand, en 1595.

Bataille de Suse, sur les Savoyards, par le Roy Louis XIII. en 1629.
De Veillane, sur les Espagnols, & les Allemands, par M.rs de Montmorency & de la Ferté, sous Louis XIII. en 1630.
D'Autin, sur les Espagnols, & les Flamands, par M.rs de Chastillon & de Brezé, sous Louis XIII. en 1635.
De Perins, sur les Espag.ls, par le Comte d'Harcourt, sous Louis XIII. en 1635.

Bataille de Leucate, sur les Espagnols, par le Duc d'Alum, sous L. XIII. 1637.
De Casal, sur les Espag.ls, par le Comte d'Harcourt, sous Louis XIII. en 1640.
De Turin, sur les Espag.ls par le Comte d'Harcourt, sous Louis XIII. en 1640.
D'Arras, sur les Espag.ls par le Maréchal de la Meilleraye, sous L. XIII. en 1640.
D'Ortinguen, sur les Imperiaux, par le Comte de Goébriant, sous L. XIII. 1641.

Bataille de Villefranche, sur les Espagnols, par le Comte de la Mothe-Houdancourt, sous Louis XIII. en 1642.
De Rocroy, sur les Espag.ls & Flamands, par le Duc d'Enguien, sous L. XIV. 1643.
De Fribourg, sur les Bavarrois, par M.rs le Duc d'Enguien, & le Vicomte de Turenne, sous Louis XIV. en 1644.
De Nortlingen, sur les Imperiaux, par M. le Duc d'Enguien, sous L. XIV. 1645.

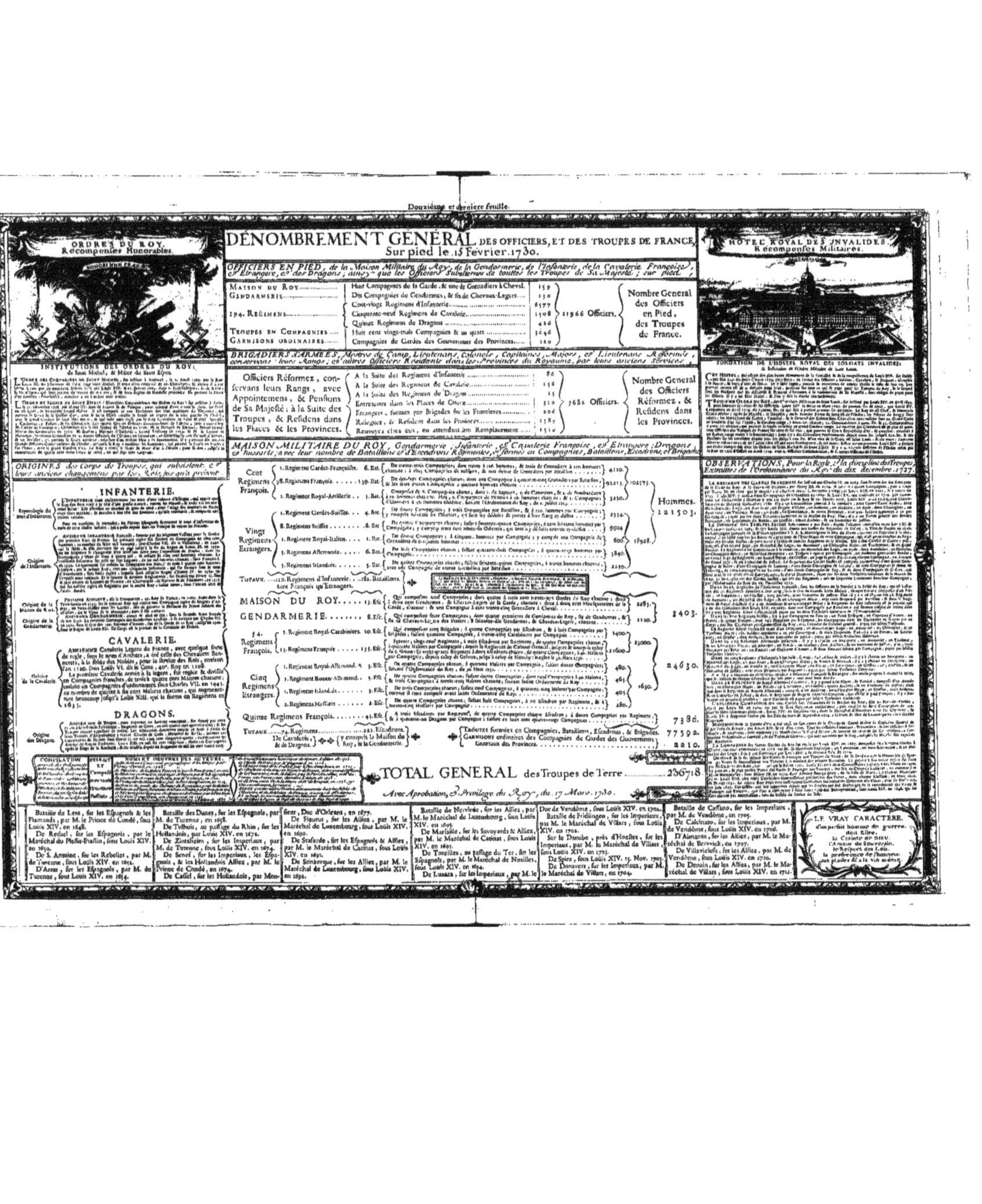

Douzième et derniere feuille.

DÉNOMBREMENT GÉNÉRAL DES OFFICIERS, ET DES TROUPES DE FRANCE, Sur pied le 15 Fevrier 1730.

ORDRES DU ROY, Récompenses Honorables.

INSTITUTIONS DES ORDRES DU ROY, de Saint Michel, & Militaire de Saint Louis.

HOTEL ROYAL DES INVALIDES, Récompenses Militaires.

FONDATION DE L'HOSTEL ROYAL DES SOLDATS INVALIDES.

OFFICIERS EN PIED, de la Maison Militaire du Roy, de la Gendarmerie, de l'Infanterie, de la Cavalerie Françoise, & Etrangere, & des Dragons; ainsy que les Officiers Subalternes de toutes les Troupes de Sa Majesté; sur pied.

MAISON DU ROY	Huit Compagnies de la Garde, & une de Grenadiers à Cheval	159	11966 Officiers.	Nombre General des Officiers en Pied, des Troupes de France.
GENDARMERIE	Dix Compagnies de Gendarmes, & six de Chevaux-Legers	130		
194. RÉGIMENS	Cent-vingt Regimens d'Infanterie	6577		
	Cinquante-neuf Regimens de Cavalerie	1508		
	Quinze Regimens de Dragons	416		
TROUPES EN COMPAGNIES	Huit cent vingt-trois Compagnies & un quart	3046		
GARNISONS ORDINAIRES	Compagnies de Gardes des Gouverneurs des Provinces	120		

BRIGADIERS D'ARMÉES, Mestres de Camp, Lieutenans, Colonels, Capitaines, Majors, & Lieutenans Réformés, conservans leurs Rangs; & autres Officiers Résidents dans les Provinces du Royaume, par leurs anciens Services.

Officiers Réformez, conservans leurs Rangs, avec Appointemens, & Pensions de Sa Majesté; à la Suite des Troupes, & Residens dans les Places & les Provinces.	A la Suite des Regimens d'Infanterie	86	3682 Officiers.	Nombre General des Officiers Réformez, & Residens dans les Provinces.
	A la Suite des Regimens de Cavalerie	156		
	A la Suite des Regimens de Dragons	15		
	Entretenus dans les Places de Guerre	310		
	Etrangers, formez par Brigades sur les Frontieres	206		
	Religieux, & Residens dans les Provinces	1389		
	Renvoyez chez eux, en attendant leur Remplacement	1510		

ORIGINES des Corps de Troupes, qui subsistent, & leurs anciens changemens par les Rois, qui prirent.

INFANTERIE.

CAVALERIE.

DRAGONS.

MAISON MILITAIRE DU ROY, Gendarmerie; Infanterie, & Cavalerie Françoise, & Etrangere; Dragons & Hussarts; avec leur nombre de Bataillons & d'Escadrons Regimentez, & formez en Compagnies, Bataillons, Escadrons, et Brigades.

Cent Regimens François.	1. Regiment Gardes-Françoises.	6. Bat.	De trente-trois Compagnies, dont trente à 126. hommes, & trois de Grenadiers à 120 hommes chacune; à cinq Compagnies de fusiliers, & une demie de Grenadiers par Bataillon	4110.	102575.	Hommes. 121503.
	98. Regimens François	139. Bat.	De dix-sept Compagnies chacun, dont une Compagnie à quarante-cinq Grenadiers par Bataillon, & les seize autres Compagnies à quarante hommes chacune	95215.		
	1. Regiment Royal-Artillerie	5. Bat.	Composés de 8. Compagnies chacun; dont 1. de Sapeurs, 5. de Canoniers, & 2. de Bombardiers à 70. hommes chacune. Plus, 5. Compagnies de Mineurs à 50. hommes chacune; & 5. Compagnies d'Ouvriers à 40. hommes chacune; suivant l'Ordonnance du Roy, du 5. juillet 1729.	3250.		
Vingt Regimens Etrangers.	1. Regiment Gardes-Suisses	4. Bat.	De douze Compagnies, à trois Compagnies par Bataillon, & à 200. hommes par Compagnie; y compris suivant les Officiers, qui sont icy déduits de partie à leur Rang cy-dessus	2334.	18928.	
	8. Regimens Suisses	6. Bat.	De quatre Compagnies chacun; faisant soixante-quatre Compagnies, à cent soixante hommes par Compagnie; y compris trois cent trente-six Officiers, qui sont icy déduits comme cy-dessus	9904.		
	1. Regiment Royal-Italien	1. Bat.	De douze Compagnies, à cinquante hommes par Compagnie; y compris une Compagnie de Grenadiers de cinquante hommes	600.		
	5. Regimens Allemands	6. Bat.	De huit Compagnies chacun; faisant quarante-huit Compagnies, à quatre-vingt hommes par Compagnie	3840.		
	5. Regimens Irlandois	5. Bat.	De quinze Compagnies chacun; faisant soixante-quinze Compagnies, à trente hommes chacune, avec une Compagnie de trente Grenadiers par Bataillon	2250.		
TOTAUX.	120. Regimens d'Infanterie, tant François qu'Etrangers.	182. Bataillons.				
MAISON DU ROY		13. Esc.	Qui composent neuf Compagnies; dont quatre à trois cent trente-sept Gardes du Roy chacune; deux à deux cent Gendarmes, & Chevaux-Legers de la Garde, chacune; deux à deux cent Mousquetaires de la Garde, chacune: & une Compagnie à cent trente-cinq Grenadiers à Cheval	2283.		3403.
GENDARMERIE		8. Esc.	Qui composent seize Compagnies, dont quatre premieres de Gendarmes du Roy, six de Gendarmes, & six de Chevaux-Legers des Princes; à soixante-dix Gendarmes, & Chevaux-Legers, chacune	1120.		
54. Regimens François.	1. Regiment Royal-Carabiniers.	10. Esc.	Qui composent cinq Brigades; à quatre Compagnies par Escadron, & à huit Compagnies par Brigades; faisant quarante Compagnies, à trente-cinq Carabiniers par Compagnie	1400.	23000.	24630.
	53. Regimens François	135. Esc.	Sçavoir, vingt-neuf Regimens, à trois Escadrons par Regiment, de quatre Compagnies chacun, à quarante Maîtres par Compagnie; depuis le Regiment du Colonel General, jusques & compris celuy de [illegible]; & vingt-quatre Regimens à deux Escadrons chacun, de quatre Compagnies, à 40. Maîtres par Compagnie, depuis celuy de Gesvres, jusqu'à celuy de Montly: Reglez le 30. Mars 1730.	21600.		
Cinq Regimens Etrangers.	1. Regiment Royal-Allemand	3. Esc.	De quatre Compagnies chacun, à quarante Maîtres par Compagnie, faisant douze Compagnies; suivant l'Ordonnance du Roy, du 30 Mars 1730.	480.	1630.	
	1. Regiment Rozen-Allemand	3. Esc.	De quatre Compagnies chacun, faisant douze Compagnies, dont neuf Compagnies à 40. Maîtres, & trois Compagnies à trente-cinq Maîtres chacune; suivant ladite Ordonnance du Roy	465.		
	1. Regiment Irlandois	3. Esc.	De trois Compagnies chacun, faisant neuf Compagnies, à quarante-cinq Maîtres par Compagnie; comme il étoit composé avant ladite Ordonnance du Roy	405.		
	2. Regimens Hussarts	2. Esc.	De quatre Compagnies chacun, faisant huit Compagnies, à un Escadron par Regiment, & à trente-cinq Hussarts par Compagnie	280.		
Quinze Regimens François		45. Esc.	A trois Escadrons par Regiment, de quatre Compagnies chaque Escadron; à douze Compagnies par Regiment, & à quarante-un Dragons par Compagnie; faisant en tout cent quatre-vingt Compagnies			7380.
TOTAUX	74. Regimens De Cavalerie, & de Dragons.	223. Escadrons, y compris la Maison du Roy, & la Gendarmerie.	TROUPES formées en Compagnies, Bataillons, Escadrons, & Brigades.			77592.
			GARNISONS ordinaires des Compagnies de Gardes des Gouverneurs Generaux des Provinces			2210.

COMPILATION — EXTRAIT ET l'ompositi[on] — NOMS ET OEUVRES DES AUTEURS.

TOTAL GENERAL des Troupes de Terre 236718

Avec Aprobation, & Privilege du Roy, du 17 Mars 1730.

OBSERVATIONS, Pour la Regle, & la discipline des Troupes, Extraites de l'Ordonnance du Roy du dix decembre 1727.

Bataille de Lens, sur les Espagnols & les Flamands, par M. le Prince de Condé, sous Louis XIV. en 1648.
De Rethel, sur les Espagnols, par le Maréchal du Plessis-Praslin, sous Louis XIV. en 1650.
De S. Antoine, sur les Rebelles, par M. de Turenne, sous Louis XIV. en 1652.
D'Arras, sur les Espagnols, par M. de Turenne, sous Louis XIV. en 1654.
Bataille des Dunes, sur les Espagnols, par M. de Turenne, en 1658.
De Tolhuis, au passage du Rhin, sur les Hollandois, par Louis XIV. en 1672.
De Zintzheim, sur les Imperiaux, par M. de Turenne, sous Louis XIV. en 1674.
De Senef, sur les Imperiaux, les Espagnols, & les Hollandois Alliez, par M. le Prince de Condé, en 1674.
De Cassel, sur les Hollandois, par Monsieur, Duc d'Orleans, en 1677.
De Fleurus, sur les Alliez, par M. le Maréchal de Luxembourg, sous Louis XIV. en 1690.
De Stafarde, sur les Espagnols & Alliez, par M. le Maréchal de Catinat, sous Louis XIV. en 1690.
De Steinkerque, sur les Alliez, par M. le Maréchal de Luxembourg, sous Louis XIV. en 1692.
Bataille de Nerwinde, sur les Alliez, par M. le Maréchal de Luxembourg, sous Louis XIV. en 1693.
De Marsaille, sur les Savoyards & Alliez, par M. le Maréchal de Catinat, sous Louis XIV. en 1693.
De Toroilles, au passage du Ter, sur les Espagnols, par M. le Maréchal de Noailles, sous Louis XIV. en 1694.
De Luzara, sur les Imperiaux, par M. le Duc de Vendôme, sous Louis XIV. en 1702.
Bataille de Fridlingen, sur les Imperiaux, par M. le Maréchal de Villars, sous Louis XIV. en 1702.
Sur le Danube, près d'Hoester, sur les Imperiaux, par M. le Maréchal de Villars, sous Louis XIV. en 1703.
De Spire, sous Louis XIV. 15. Nov. 1703.
De Donavert, sur les Imperiaux, par M. le Maréchal de Villars, en 1704.
Bataille de Cassano, sur les Imperiaux, par M. de Vendôme, en 1705.
De Calcinato, sur les Imperiaux, par M. de Vendôme, sous Louis XIV. en 1706.
D'Almanza, sur les Alliez, par M. le Maréchal de Berwick, en 1707.
De Villaviciosa, sur les Alliez, par M. de Vendôme, sous Louis XIV. en 1710.
De Denain, sur les Alliez, par M. le Maréchal de Villars, sous Louis XIV. en 1712.

LE VRAY CARACTERE, d'un parfait homme de guerre, doit Estre, la Crainte de DIEU, l'Amour du Souverain, le Respect des Loix, la preference de l'honneur aux plaisirs & à la vie même.

Premiere Feuille de la Bordure.

MODELE de L'EFFET, ou REDUCTION de la GRANDE CARTE montée en son entier sur gorge et rouleau, qui aura sept pieds en quarré ; Contenant dixneuf feuilles de 16 pouces de haut, sur 22 pouces de large, chacune, Rassemblées par ordre Militaire, cy après.

INSTRUCTION NECESSAIRE POUR L'USAGE DE CETTE CARTE.

[illegible]

SCAVOIR.

Premiere Feuille. [illegible]

Deuxiéme Feuille. [illegible]

Troisiéme Feuille. [illegible]

Quatriéme Feuille. [illegible]

Cinquiéme Feuille. [illegible]

Sixiéme & Septiéme Feuille. [illegible]

Huitiéme & neuviéme Feuille. [illegible]

Dixiéme Feuille. [illegible]

Onziéme Feuille. [illegible]

Douziéme & Treiziéme Feuille. [illegible]

SCAVOIR.

Premiere Feuille. [illegible]

Deuxiéme Feuille. [illegible]

GRAND DESSEIN DU FRONTISPICE, en suite de la Carte Generale de la Monarchie, et de l'histoire de France ancien et moderne.

ORDRE AU ROY.

Enrichies d'attributs Royaux et d'allegories Militaires, en taille douce.

GRAND TITRE qui annonce en general les sujets de cet ouvrage.

VUE et Description de la Ville Cité et Université de Paris.

CHRONOLOGIE des Rois de France. TIGE ET GENEALOGIE de la Maison Royale de Bourbon et les Alliances.

MAISON DU ROY A CHEVAL.

VUE et Description de la Ville et Château Royal de Versailles.

GENEALOGIES de la Premiere, seconde, troisiéme, quatriéme et cinquiéme Branche de la Maison Royale de Bourbon, et les alliances.

GENDARMERIE DE FRANCE.

GARDES FRANÇOISES ET GARDES SUISSES. Infanterie de la Maison du Roy. INFANTERIE. Françoise et Etrangere. OFFICIERS GENERAUX en Terre. Créations, Rangs, Uniformes, et Drapeaux. Divisées en deux Feuilles, sur trois grandes Colonnes. Jusqu'au 15 Février 1730.

NOUVELLE HISTOIRE abregée du Regne des 65 Rois de France, depuis la Fondation de la Monarchie jusques et compris le Regne de Louis 14. Enrichie des Portraits des Rois, en Taille douce, et d'Emblêmes tirées au tour de leurs Medailles.

CHRONOLOGIE des Grands et Premiers Officiers Militaires de la Couronne.

CHRONOLOGIE des Grands et Premiers Officiers du Ministere de France.

PROMOTIONS des Chevaliers Commandeurs de l'Ordre, et suitte du S. Esprit.

CAVALERIE LEGERE. Françoise et Etrangere. ET DRAGONS. Leurs Origines. OFFICIERS GENERAUX. Créations, Rangs, Uniformes, et Etendarts des Regiments. Divisées en deux feuilles, sur trois grandes Colonnes, jusqu'au 15 Février 1730.

MARECHAUX DE FRANCE. [illegible] GOUVERNEURS [illegible] des Provinces du Royaume. [illegible] des Places de Guerre.

COMMENCEMENT de L'HISTOIRE ABREGÉE DE LOUIS 15. Heureusement Regnant depuis la Naissance de sa Majesté jusqu'au 15 Février 1730.

ORDRE ROYAL [illegible] ARTILLERIE [illegible]

DENOMBREMENT General des Officiers, et des Troupes de France sur pied le 15 Février 1730. ORDRE DU ROY [illegible]

LA GRANDE BORDURE des Plans, Descriptions, et Armoiries des Principales Places de guerre [illegible] de large chacune, avec la marge en dehors d'un pouce et demy ; rassemblées et [illegible] par ordre des Places [illegible] suivant l'Instruction cy jointe.

SUITTE DE L'INSTRUCTION NECESSAIRE POUR L'USAGE DE CETTE CARTE.

[illegible]

Troisiéme Feuille. [illegible]

Quatriéme Feuille. [illegible]

Cinquiéme Feuille. [illegible]

Sixiéme Feuille. [illegible]

Septiéme & Huitiéme Feuille. [illegible]

Huit Feuilles de la Carte. [illegible]

TROIS PREMIERES FEUILLES DE LA CARTE.

Premiere Feuille. [illegible]

Deuxiéme Feuille. [illegible]

Premiere Feuille. [illegible]

Troisiéme & Quatriéme Feuille. [illegible]

Premiere Place.
AMIENS,
à 28 lieues de Paris.
VILLE considerable, située sur la Somme, [illegible] Capitale de Picardie [illegible]
ESTAT MAJOR. [illegible]

2.
ABBEVILLE,
à 36 lieues de Paris.
VILLE considerable, Capitale du Comté de Ponthieu, du Gouvernement general de Picardie ; remplie de belles Manufactures de Draps, située sur la Riviere de Somme, à 50 d. 7 m. de lat. & à 19 d. 32 m. de long. Cette Ville n'étoit autrefois qu'un Château bâti par Hugues le Grand, de Capet, [illegible] Roy de France, en 987. On la nomme Pucelle, n'ayant jamais été prise. Elle est à neuf lieues de Montreuil sur Mer.
ESTAT MAJOR. [illegible]

3.
MONTREUIL,
à 46 lieues de Paris.
VILLE forte en Picardie dans le Comté de Ponthieu, située à 50 deg. [illegible] m. de lat. & à 19 d. 30 m. de long. sur une colline, dont le pied est arrosé par la Canche. Les grosses Barques y remontent par le [illegible] de la Mer ; elle en est à [illegible] lieues, & défendue par un bon Château. Le Roy Louis VIII l'acquit en 1224 de Guillaume de [illegible] Elle est divisée en haute & basse Ville, & [illegible] Elle est à huit lieues de Boulogne.
ESTAT MAJOR. [illegible]

4.
BOULOGNE,
à 54 lieues de Paris.
VILLE de la Basse Picardie, Capitale du Boulonois, [illegible]
ESTAT MAJOR. [illegible]

5.
CALAIS,
à 60 lieues de Paris.
VILLE Maritime de Picardie, avec une Citadelle très-bien fortifiée, située au Comté d'Oye, [illegible] L'an 1558 les François la reprirent sur les Anglois, sous la conduite de François Duc de Guise. Elle est bâtie en triangle, & fondée par Philippe de France Comte de Boulogne, en 1228. Son Port & le Rishan sont très-estimez par leur grandeur & leur beauté, qui sont bien défendus, ainsi que le Fort Nieulet, qui est à un quart de lieue de la Ville du côté de la Terre. Elle fut rendue à la France l'an 1598 par le Traité de Vervins. Cette Ville est à sept lieues de Douvres, & à trois d'Ardres.
ESTAT MAJOR. [illegible]

6.
ARDRES,
à 58 lieues de Paris.
VILLE forte de la Basse Picardie, dans le Comté de Guynes, située sur un Coteau, divisée en Ville haute, & Ville basse, à 50 d. [illegible] m. de lat. & à 19 d. [illegible] m. de long. Elle est assez bien fortifiée. C'est près de cette Ville, que se fit l'entrevûë magnifique de François I. & de Henry VIII. Roy d'Angleterre, au mois de Juin 1520. Le lieu en est encore appellé, *le Champ de Drap d'or*. Baudouin II. incorpora cette Seigneurie au Comté de Guynes, en épousant l'Heritiere. Elle est à dix-neuf lieues de Douvres.
ESTAT MAJOR. [illegible]

7.
DOURLENS,
à 36 lieues de Paris.
VILLE haute & basse, & Château fortifié dans l'Amienois, située sur la Riviere d'Authie, à six lieues d'Amiens, à 50 deg. 9 min. de lat. & à 19 deg. 58 m. de long. Elle appartenoit autrefois aux Comtes de Ponthieu. Marie qui en étoit Comtesse, la donna au Roy Louis VIII. par Contrat. En 1225. Charles VII. l'aliena par le Traité d'Arras. Et Louis XI. son fils la rachepta en 1463. Cette Ville est à onze lieues de Peronne.
ESTAT MAJOR. [illegible]

8.
PERONNE,
à 31. lieues de Paris.
VILLE forte, & Château de la moyenne Picardie, dans le Pays de Santerre, [illegible] On la nomme Pucelle n'ayant jamais été prise, malgré les differens efforts des Espagnols. C'étoit autrefois une Châtellenie considerable, [illegible] Cette Ville est à cinq lieues de Ham.
ESTAT MAJOR. [illegible]

9.
HAM,
à 28. lieues de Paris.
PETITE Ville forte dans le Vermandois en Picardie, située à 49 d. 45 m. de lat. & 20 d. 45 m. de long. sur la Somme, dans une plaine remplie de Marais. Louis de Luxembourg dit le Connétable de S. Paul, y fit bâtir vers l'an 1470. une Citadelle fortifiée de quatre Bastions, avec une Tour quarrée. Les Espagnols la prirent en 1557. Elle fut remise à la France deux ans après par la Paix du Cateau Cambresis. Elle est entre Noyon & Peronne, & à quatre lieues de S. Quentin.
ESTAT MAJOR. [illegible]

10.
S. QUENTIN,
à 31. lieues de Paris.
VILLE forte, & considerable, Capitale du Vermandois, située sur une petite éminence qui a d'un côté la Riviere de Somme, & de l'autre une vallée presque toute escarpée, à 49 d. 51 m. de lat. & à 20 d. 58 m. de long. L'Evêché y fut établi anciennement jusqu'en [illegible] qu'il fut transferé à Noyon. Elle a pris son nom de S. Quentin qui y souffrit le Martyre, [illegible] Elle fut rendue à la France en 1559. C'est une Place des plus importantes du Royaume, où il y a une superbe Abbaye [illegible] & diverses Manufactures, sur tout de Toiles. Cette Ville est à cinq lieues de Guise.
ESTAT MAJOR. [illegible]

11.
GUISE,
à 34 lieues de Paris.
VILLE forte de Picardie, dans le Comté de Tierache, située sur la Riviere d'Oyse, [illegible] Son Château est haut & élevé, très-bien fortifié, [illegible] Les Espagnols furent contraints d'en lever le Siege en 1650. C'étoit un ancien Comté que le Roy François I. érigea en Duché-Pairie en Janvier 1528. en faveur de Claude de Lorraine fils puîné de René II. Cette Ville est à treize lieues de Bapaume en Artois.
ESTAT MAJOR. [illegible]

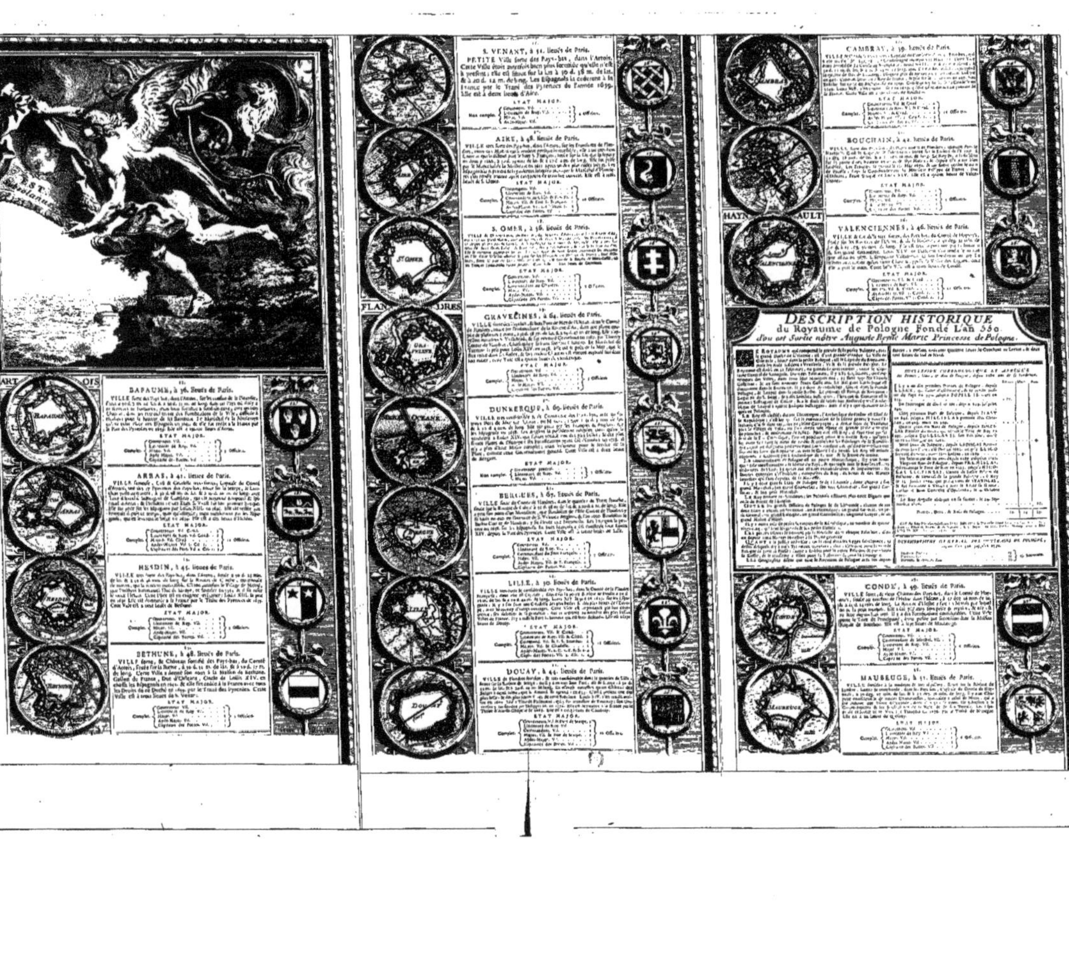
BAPAUME, à 36. lieuës de Paris.
ARRAS, à 41. lieuës de Paris.
HESDIN, à 45. lieuës de Paris.
BETHUNE, à 48. lieuës de Paris.
S. VENANT, à 51. lieuës de Paris.
PETITE Ville forte des Pays-bas, dans l'Artois. Cette Ville étoit autrefois bien plus fortifiée qu'elle n'est à present; elle est située sur la Lis à 50 d. 38 m. de lat. & à 20 d. 12 m. de long. Les Espagnols la cederent à la France par le Traité des Pyrenées de l'année 1659. Elle est à deux lieuës d'Aire.
ETAT MAJOR.
AIRE, à 48. lieuës de Paris.
ETAT MAJOR.
S. OMER, à 56. lieuës de Paris.
ETAT MAJOR.
GRAVELINES, à 64. lieuës de Paris.
DUNKERQUE, à 69. lieuës de Paris.
BERGUES, à 67. lieuës de Paris.
LILLE, à 50. lieuës de Paris.
DOUAY, à 44. lieuës de Paris.
CAMBRAY, à 39. lieuës de Paris.
BOUCHAIN, à 42. lieuës de Paris.
VALENCIENNES, à 46. lieuës de Paris.
ETAT MAJOR.
DESCRIPTION HISTORIQUE
du Royaume de Pologne Fondé L'an 550
d'ou est Sortie nôtre Auguste Reyne Marie Princesse de Pologne.
CONDÉ, à 49. lieuës de Paris.
MAUBEUGE, à 51. lieuës de Paris.

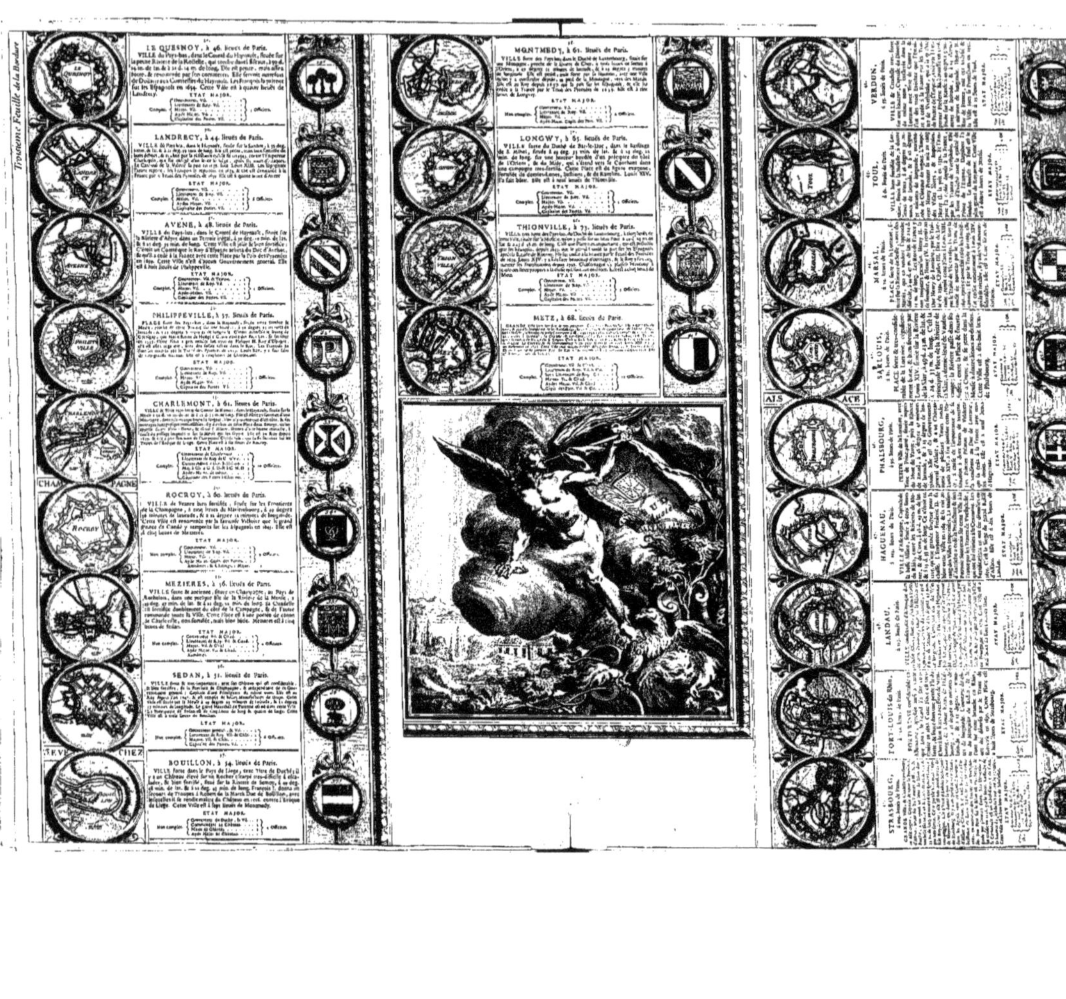
Troisiéme Feuille de la Bordure
LE QUESNOY, à 46. lieuës de Paris.
LANDRECY, à 44. lieuës de Paris.
AVENE, à 48. lieuës de Paris.
PHILIPPEVILLE, à 57. lieuës de Paris.
CHARLEMONT, à 61. lieuës de Paris.
ROCROY, à 60. lieuës de Paris.
MEZIERES, à 56. lieuës de Paris.
SEDAN, à 51. lieuës de Paris.
BOUILLON, à 54. lieuës de Paris.
MONTMEDY, à 61. lieuës de Paris.
LONGWY, à 65. lieuës de Paris.
THIONVILLE, à 73. lieuës de Paris.
METZ, à 68. lieuës de Paris.
ETAT MAJOR.
CHAMPAGNE
ALSACE
VERDUN.
TOUL.
MARSAL.
SARLOUIS.
PHALSBOURG.
HAGUENAU.
LANDAU.
FORT-LOUIS du Rhin.
STRASBOURG.

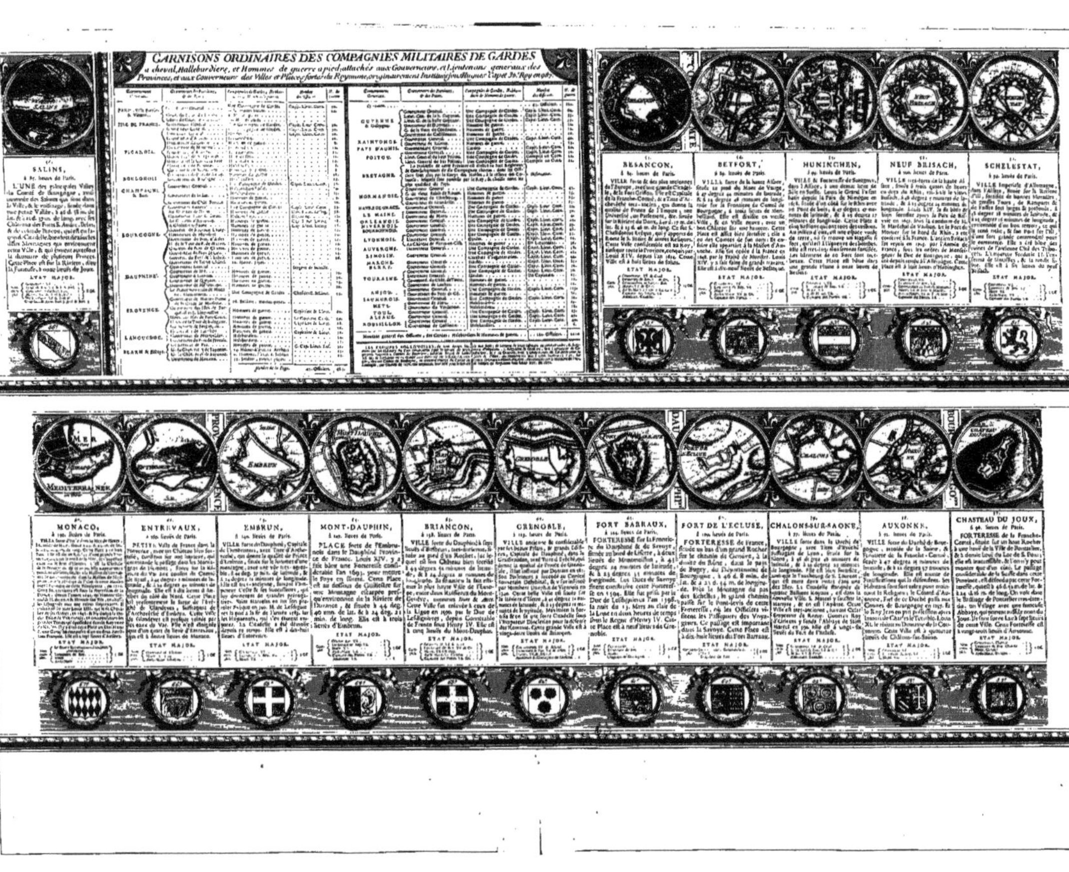

GARNISONS ORDINAIRES DES COMPAGNIES MILITAIRES DE GARDES

a cheval, Hallebardiers, et Hommes de guerre a pied, attachés aux Gouverneurs, et Lieutenans generaux des Provinces, et aux Gouverneurs des Villes et Places fortes du Royaume, originairement Instituez sous Hugues Capet 30e Roy en 987.

57. SALINS,

à 85. lieuës de Paris.

L'UNE des principales Villes du Comté de Bourgogne, ainsi nommée des Salines qui sont dans la Ville, & le voisinage, située dans une petite Vallée, à 46 d. 58 m. de lat. & à 24 d. 37 m. de long. avec les Châteaux des Forts S. André, Belin, & de [illegible], qui est en [illegible] Citadelle [illegible] des Montagnes qui environnent cette Ville, & qui étoient autrefois la demeure de plusieurs Princes. Cette Place est sur la Riviere, dite la Furieuse, à onze lieuës de Joux.

ETAT MAJOR.

53. BESANCON,

à 84. lieuës de Paris.

VILLE forte & des plus anciennes de l'Europe, avec une grande Citadelle, & le Fort Griffon. Elle est Capitale de la Franche-Comté, & a Titre d'Archevêché [illegible], qui donne la qualité de Prince de l'Empire, une Université, un Parlement, &c. située sur la Riviere du Doux, Lat. d. 17 m. [illegible] Cette Ville considerable est au Roy, ainsi que toute la Province, conquise par Louis XIV. depuis l'an 1674. Cette Ville est à huit lieuës de Salins.

ETAT MAJOR.

54. BEFFORT,

à 89. lieuës de Paris.

VILLE forte de la haute Alsace, située au pied du Mont de Vauge, [illegible] sur la Frontiere du Comté de Bourgogne, à trois lieuës de Montbelliard. Elle est divisée en vieille Ville, & en Ville neuve, avec un bon Château sur une hauteur. Cette Place est assez bien fortifiée [illegible] Elle fut cedée à la France en 1648. par le Traité de Munster. Louis XIV. y a fait faire de grands travaux. Elle est à dix-neuf lieuës de Besançon.

ETAT MAJOR.

55. HUNINGHEN,

à 99. lieuës de Paris.

VILLE & Forteresse de Suntgaw, dans l'Alsace, à une demie lieuë de Bâle en Suisse. Louis le Grand l'a fait bâtir depuis la Paix de Nimegue en 1678. [illegible] Cette Place est dans une grande Plaine à onze lieuës de Beffort.

ETAT MAJOR.

51. NEUF BRISACH,

à 100. lieuës de Paris.

VILLE tres-forte de la haute Alsace [illegible] Louis XIV. la fit bâtir & bien fortifier après la Paix de Riswyk en 1697. [illegible] Cette Place est à huit lieuës d'Huningben.

ETAT MAJOR.

52. SCHELESTAT,

à 92. lieuës de Paris.

VILLE Imperiale d'Allemagne, dans l'Alsace, située sur la Riviere d'Ill, fortifiée de bonnes Murailles, de grosses Tours, de Remparts & de Fossez fort larges & profonds [illegible] Elle est à six lieuës du neuf Brisach.

ETAT MAJOR.

MONACO,

à 196. lieuës de Paris.

ETAT MAJOR.

ENTREVAUX,

à 180. lieuës de Paris.

PETITE Ville de France dans la Provence [illegible]

ETAT MAJOR.

EMBRUN,

à 140. lieuës de Paris.

VILLE forte du Dauphiné, Capitale de l'Embrunois [illegible]

ETAT MAJOR.

MONT-DAUPHIN,

à 145. lieuës de Paris.

PLACE forte de l'Embrunois dans le Dauphiné Province de France. Louis XIV. y a fait bâtir une Forteresse considerable l'an 1693. [illegible]

ETAT MAJOR.

BRIANCON,

à 138. lieuës de Paris.

VILLE forte du Dauphiné [illegible] Elle est à cinq lieuës du Mont-Dauphin.

ETAT MAJOR.

GRENOBLE,

à 123. lieuës de Paris.

VILLE ancienne & considerable [illegible] Capitale du Dauphiné [illegible]

ETAT MAJOR.

FORT BARRAUX,

à 124. lieuës de Paris.

FORTERESSE sur la Frontiere du Dauphiné & de Savoye [illegible] sous le Regne d'Henry IV. [illegible]

ETAT MAJOR.

FORT DE L'ECLUSE,

à 104. lieuës de Paris.

FORTERESSE de France, située au bas d'un grand Rocher [illegible] Cette Place est à dix-huit lieuës du Fort Barraux.

ETAT MAJOR.

CHALONS-SUR-SAONE,

à 77. lieuës de Paris.

VILLE forte dans le Duché de Bourgogne [illegible]

ETAT MAJOR.

AUXONNE,

à 81. lieuës de Paris.

VILLE forte du Duché de Bourgogne [illegible] à quatorze lieuës de Châlons-sur-Saone.

ETAT MAJOR.

CHASTEAU DU JOUX,

à 96. lieuës de Paris.

FORTERESSE de la Franche-Comté, située sur un haut Rocher [illegible] à vingt-huit lieuës d'Auxonne.

ETAT MAJOR.

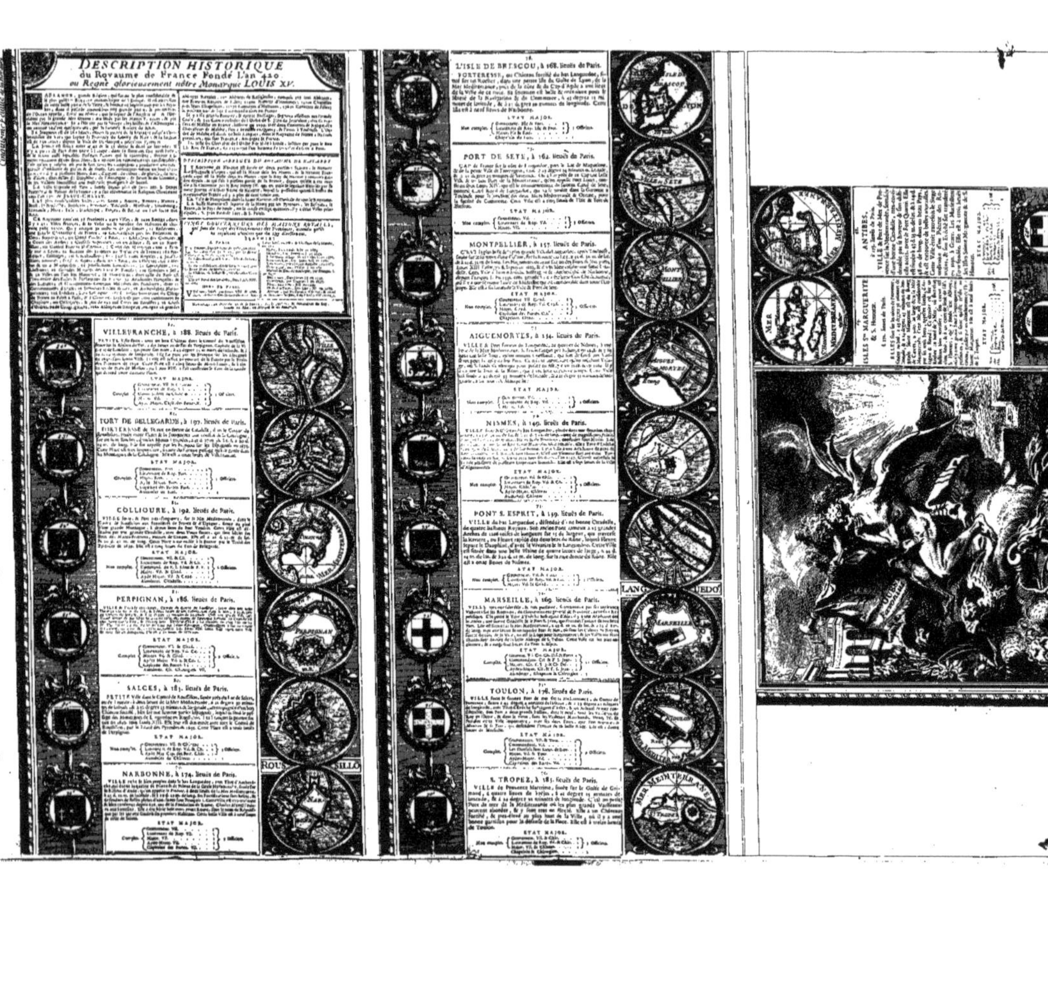

DESCRIPTION HISTORIQUE
du Royaume de France Fondé l'an 420
ou Regne glorieusement nôtre Monarque LOUIS XV.
DESCRIPTION ABREGÉE DU ROYAUME DE NAVARRE
VINGT GOUVERNEURS DES MAISONS ROYALES
VILLEFRANCHE, à 188. lieuës de Paris.
FORT DE BELLEGARDE, à 197. lieuës de Paris.
COLLIOURE, à 192. lieuës de Paris.
PERPIGNAN, à 186. lieuës de Paris.
SALCES, à 183. lieuës de Paris.
NARBONNE, à 174. lieuës de Paris.
L'ISLE DE BRESCOU, à 168. lieuës de Paris.
PORT DE SETE, à 164. lieuës de Paris.
MONTPELLIER, à 157. lieuës de Paris.
AIGUEMORTES, à 154. lieuës de Paris.
NISMES, à 149. lieuës de Paris.
PONT S. ESPRIT, à 139. lieuës de Paris.
MARSEILLE, à 169. lieuës de Paris.
TOULON, à 178. lieuës de Paris.
S. TROPEZ, à 183. lieuës de Paris.
ANTIBES
ISLES Ste MARGUERITE & S. HONORAT
ROUSSILLO
LANGUEDO
MER MEDITERRANEE

Sixième Feuille de la Bordure.

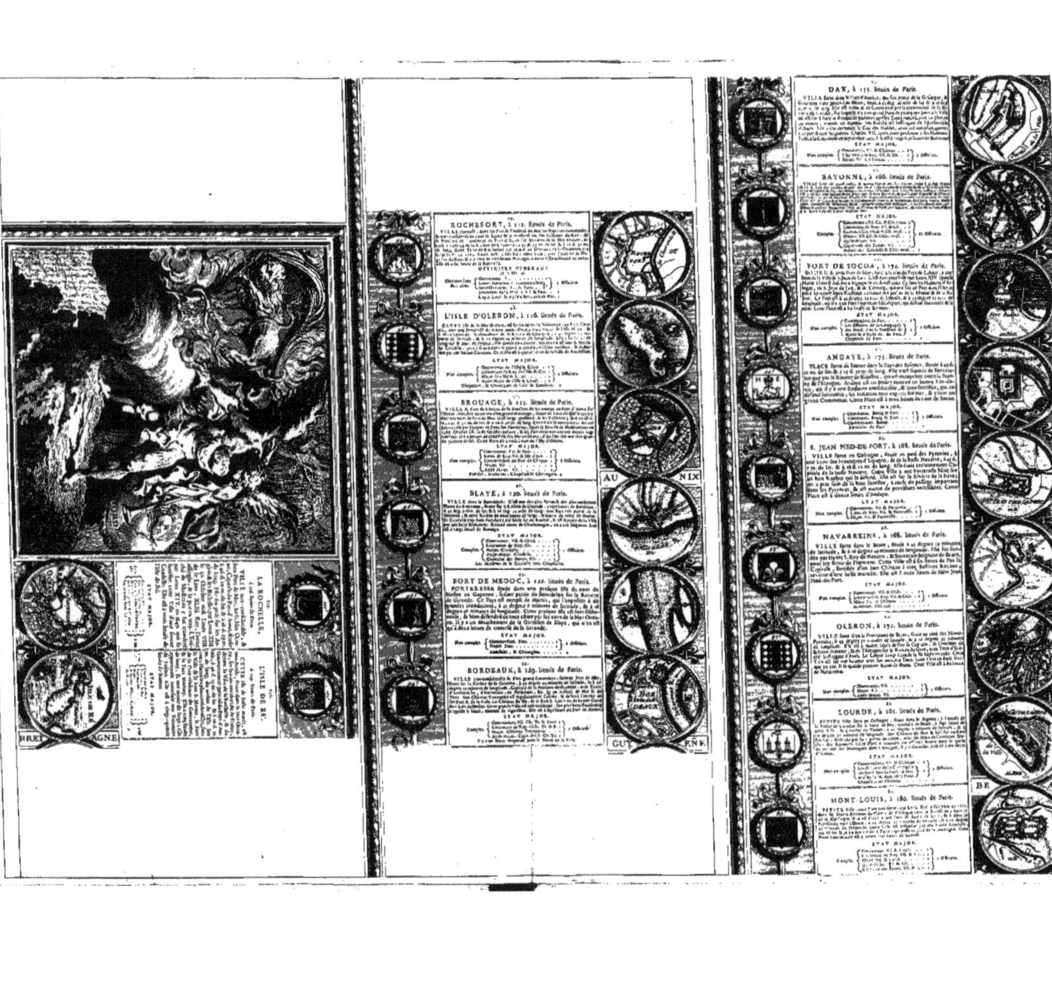

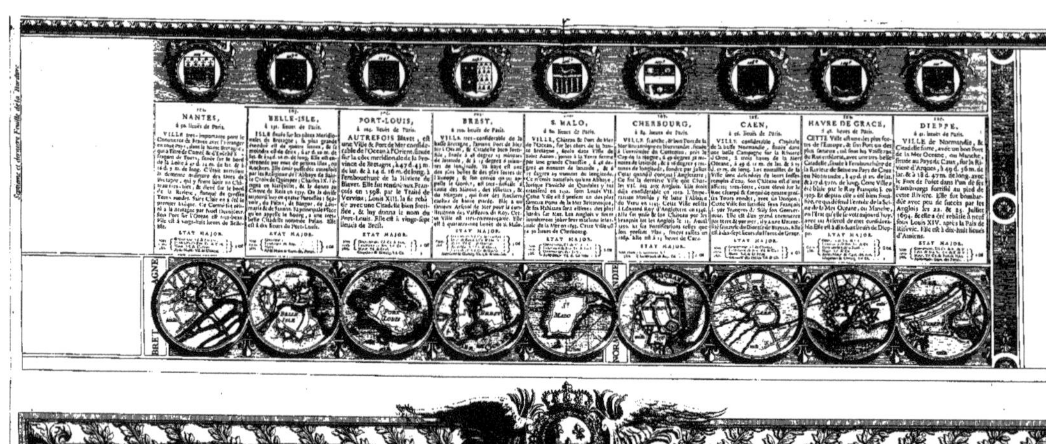

APPROBATION.

J'AY lû par l'ordre de Monseigneur le Garde des Sceaux une Carte intitulée : Carte generale de la Monarchie & du Militaire de France ancien & moderne, & j'ay crû qu'on pouvoit permettre de la graver & de la rendre publique. A Versailles le sept Mars 1730. Signé HARDION.

PRIVILEGE GENERAL DU ROY.

LOUIS PAR LA GRACE DE DIEU, ROY DE FRANCE ET DE NAVARRE; A nos amez & feaux Conseillers les Gens tenans nos Cours de Parlement, Maîtres des Requêtes ordinaires de notre Hôtel, Grand Conseil, Prevôt de Paris, Baillifs, Sénéchaux, leurs Lieutenans Civils, & autres nos Jurisdictions qu'il appartiendra, SALUT. Notre cher & bien amé le Sieur PIERRE LEMAU DE LA JAISSE, ancien Officier de feu notre très-chere tante, MADAME, Doüairiere d'Orleans, & de l'Ordre de S. Lazare, Nous ayant fait remontrer qu'il se seroit appliqué depuis plusieurs années à dresser & composer une Carte Generale de la Monarchie, & du Militaire de France, tant ancien que moderne, avec les Explications, qu'il souhaiteroit faire dessiner, imprimer, graver, & donner au Public, mais comme cet Ouvrage lui a coûté bien du travail, des peines, & des dépenses pour le rendre dans la perfection où elle se trouve, & étant très-utile, tant pour la connoissance de nos Troupes, que pour le Public, & qu'il craint que quelques Dessinateurs, Graveurs, Imprimeurs, Marchands, & autres, ne s'avisassent de lui contrefaire, ce qui lui feroit un tort considerable : Il nous auroit pour cet effet très-humblement fait supplier de vouloir bien lui accorder nos Lettres de Privilege, par lesquelles il soit défendu à tous Dessinateurs, Imprimeurs, Graveurs, Marchands en Taille-douce, & autres, de s'immiscer à copier, ou faire copier, en tout, ou en partie, & par Extrait, tant en grand qu'en petit, feüille separée, ou autrement, ladite Carte ci-dessus specifiée. A CES CAUSES voulant favorablement traiter ledit Sieur Exposant, reconnoître son zele pour nôtre service, & lui donner les moyens de nous les continuer, Nous lui avons permis & permettons par ces Présentes de faire dessiner, imprimer, ou faire graver ladite Carte generale de la Monarchie, & du Militaire de France, tant ancien que moderne, avec les Explications, en telle forme, caracteres, maniere, & grandeur que bon lui semblera, tant en feüilles separées qu'autrement, & autant de fois que bon lui semblera, & de la faire vendre & debiter par tout notre Royaume, Pays, Terres & Seigneuries de notre obéïssance, pendant le temps & espace de dix années consecutives, à compter du jour de la date desdites Présentes; faisons défenses à toutes sortes de personnes de quelque qualité & condition qu'elles soient, d'en introduire d'impressions, dessins, ou gravûres étrangeres dans aucun lieu de notre obéïssance, comme aussi à tous Dessinateurs, Graveurs, Imprimeurs, Marchands en Taille-douce, & autres, de dessiner, ou faire dessiner, graver, ou faire graver, imprimer, ou faire imprimer, & vendre, faire vendre, debiter, ni contrefaire ladite Carte generale de la Monarchie, & du Militaire de France, tant ancien que moderne, avec les Explications, en tout, ni en partie, ni d'en faire aucuns Extraits, sous quelque prétexte que ce soit d'augmentation, correction, changement de titre, tant en grand qu'en petit, même en feüilles separées, ou autrement, sans la permission expresse & par écrit dudit Sieur Exposant, ou de ceux qui auront droit de lui; à peine de confiscation, tant des Planches que des Exemplaires contrefaits, & des ustenciles qui auront servi à ladite contrefaçon, que Nous entendons être saisis, en quelques lieux qu'ils soient trouvez, de six mille livres d'amende contre chacun des contrevenans, dont un tiers à Nous, un tiers à l'Hôtel-Dieu de Paris, l'autre tiers audit Sieur Exposant, & de tous dépens, dommages & interêts, à la charge que ces Présentes seront enregistrées tout au long sur le Registre de la Communauté des Imprimeurs & Libraires de Paris, dans trois mois de la date d'icelles, que la gravûre & impression de ladite Carte seront faites dans notre Royaume, & non ailleurs, & qu'avant de l'exposer en vente, gravée ou imprimée, sera remise dans le même état où l'Approbation y aura été donnée, ès mains de notre très-cher & feal Chevalier Garde des Sceaux de France le Sieur CHAUVELIN, & qu'il en sera ensuite remis deux Exemplaires dans notre Bibliotheque publique, une dans celle de notre Château du Louvre, & une dans celle de notre très-cher & feal Chevalier Garde des Sceaux de France le Sieur CHAUVELIN, le tout à peine de nullité des Présentes; du contenu desquelles VOUS MANDONS ET ENJOIGNONS de faire joüir ledit Sieur Exposant ou ses ayans cause, pleinement & paisiblement, sans souffrir qu'il leur soit fait aucuns troubles ou empêchemens. VOULONS qu'en mettant au bas de ladite Carte ces mots, avec Approbation & Privilege du Roy, ces Présentes soient tenuës pour bien & dûement signifiées, & qu'aux Copies collationnées par l'un de nos amez & feaux Conseillers & Secretaires, foy soit ajoûtée comme à l'Original. COMMANDONS au premier notre Huissier ou Sergent, de faire pour l'execution d'icelles tous Actes requis & necessaires, sans demander autre permission, & nonobstant clameur de Haro, Chartre Normande, & Lettres à ce contraires; CAR tel est notre plaisir. DONNE' à Paris le dix-septiéme jour du mois de Mars, l'an de grace mil sept cens trente, & de notre Regne le quinziéme. Par le ROY en son Conseil, signé SAINSON, avec grille & paraphe, & scellé du grand Sceau de cire jaune.

REGISTRE' sur le Registre sept de la Chambre Royale & Syndicale de la Librairie & Imprimerie de Paris, N°. 569. F°. 515. conformément aux Reglemens de 1723. qui fait défenses, art. 4. à toutes personnes de quelque qualité qu'elles soient, autres que les Libraires & Imprimeurs, de vendre, debiter, & faire afficher aucuns Livres pour les vendre en leurs noms, soit qu'ils s'en disent les Auteurs, ou autrement, & à la charge de fournir les Exemplaires prescrits par l'art. 108. du même Reglement. A Paris le 24. Avril 1730. Signé P. A. LEMERCIER, Syndic.

Avis important aux Dénonciateurs.

Le Pourvû dudit Privilege cede volontairement au Dénonciateur son tiers de ladite Amende de 6000 liv. se réservant seulement les Planches, les Exemplaires, & les ustenciles saisis; au moyen de quoi ledit Dénonciateur aura le tiers, ou deux mille livres d'amende y énoncées; Cet écrit servira de Promesse.

www.ingramcontent.com/pod-product-compliance
Ingram Content Group UK Ltd.
Pitfield, Milton Keynes, MK11 3LW, UK
UKHW020420230726
13925UKWH00004B/1546